PIAZETTA LA CHEVRIÈRE

PAR MAXIMILIEN PERRIN

VÉNUS

Le 20 mai de l'année 1742, une chaise de poste roulait avec rapidité sur la grande route de Paris à Marseille, dernière ville dont elle n'était plus éloignée que d'une lieue tout au plus.

Dans cette voiture étaient étendus paresseusement deux jeunes gens d'une figure agréable, à la mise et aux manières distinguées. L'un était le vicomte Gaston de la Peyronie, âgé de vingt-cinq ans, d'un caractère joyeux et insouciant, qu'une affaire d'honneur, dans laquelle il avait eu le malheur de blesser mortellement son adversaire, forçait momentanément de quitter Paris et la cour.

Son compagnon de voyage était le marquis Robert de Chaverny, âgé de vingt-sept ans, orphelin et possesseur d'une grande fortune, ami de Gaston, qu'il suivait dans sa fuite autant par amitié que par désœuvrement.

Nos deux jeunes gentilshommes se rendaient à Marseille plutôt qu'ailleurs, parce que, en se demandant où Gaston irait passer les quelques mois d'exil que lui commandaient la prudence et son aversion pour la Bastille, la ville de Marseille s'était tout naturellement présentée à leurs yeux en fixant la carte géographique de la France.

— Ça, ami Robert, es-tu certain que nous ne mourrons pas d'ennui dans ce Marseille, où nous allons faire notre entrée pour la première fois, où nous ne connaissons âme qui vive? dit Gaston en s'éveillant et après avoir laissé échapper un interminable bâillement.

— S'ennuyer à Marseille, allons donc! Une ville superbe, l'antique cité des Phocéens, le rendez-vous de tous les voyageurs des quatre parties du monde ; Marseille, au soleil africain, avec sa Cannebière, son port majestueux, sa pétulante population. S'ennuyer dans un pareil Eldorado, impossible! D'ailleurs, n'avons-nous pas fait ample provision de lettres de recommandation qui vont nous ouvrir les portes des meilleures maisons, nous faire admettre dans les plus nobles familles? répliqua Robert avec insouciance et gaieté.

— Alors, Dieu, prenant en pitié de pauvres exilés, permettra sans doute qu'ils rencontrent dans ces familles de gentillâtres quelques femmes au minois passable, dont l'amour et les caresses les aideront à passer le temps le moins tristement possible.

— C'est ce que j'espère ainsi que toi, mon cher Gaston; mais, hélas! je doute fort que ces beautés provinciales te fassent oublier nos dames de Versailles dont tu es l'heureux enfant gâté.

— Ce qui double à mes yeux le prix du noble sacrifice que tu as daigné faire à l'amitié, en m'accompagnant dans ma fuite.

— Parmi nos lettres, n'en avons-nous pas une pour le baron de Roche-Courbe?

— En effet, un original qui nous divertira fort, m'a-t-on dit...

— Et qui a, m'a-t-on assuré encore, une nièce charmante!

— Mademoiselle Vénus de Miremont.

— J'en ai entendu parler ; en effet, on la dit belle, et de plus mauvaise tête.
— Quelque grande demoiselle bien longue, bien empesée et entichée de sa noblesse provinciale... Nous en rirons, qu'en dis-tu, Robert ?...
— En effet, je commence à croire, ainsi que toi, que nous aurons quelques plaisirs ici; d'abord, en qualité d'hommes de cour, puis de jolis garçons, nous avons chance de faire tourner toutes les têtes féminines de la ville, de désespérer les amants et de faire crever les maris de jalousie.

Comme Gaston achevait ces derniers mots, la chaise de poste qui les amenait entrait dans le faubourg de Marseille, et quelques instants après allait s'arrêter rue de la Cannebière, à la porte d'un des meilleurs hôtels de la ville où nos deux voyageurs, après avoir pris possession d'un appartement confortable, s'empressèrent de commander un excellent souper dont leur estomac affamé ressentait le plus grand besoin.

La septième heure du soir venait de se faire entendre.

La chaleur était suffocante; en attendant qu'on les servit, nos deux amis furent s'accouder sur le large balcon placé devant leurs fenêtres, afin d'y respirer la brise rafraîchissante du soir que commençait à envoyer la mer que l'on apercevait au loin, la belle et longue rue de la Cannebière aboutissant au port; puis encore, pour regarder passer ce peuple marseillais et faire connaissance avec lui.

Le lendemain, qui était un dimanche, Robert et Gaston, frais et dispos, quittèrent le lit pour s'occuper de leur toilette et la rendre la plus coquette possible, désirant en cela donner aux Marseillais, et surtout aux Marseillaises, une haute idée du bon goût et du ton parisien, prouver enfin qu'ils étaient gens de cour et de haute lignée.

— Ça, Robert, dis-moi, mon bon, par où il te plait que nous commencions nos pérégrinations à travers cette Babel inconnue ? demandait Gaston tout en ceignant son épée et s'admirant avec complaisance devant un grand miroir.

— Par une longue promenade, afin de nous familiariser promptement avec les détours de cette ville, puis ensuite commencer notre entrée en connaissance par une visite au baron de Roche-Courbe, ainsi qu'à sa jolie nièce.

Cela dit, Robert s'empressa de sonner Lafleur, un des deux valets de chambre qu'ils avaient amenés avec eux de Paris, pour s'informer si le carrosse qu'il lui avait ordonné de louer était à leurs ordres; et sur la réponse affirmative du valet que la plus belle voiture de la ville les attendait aux marches du perron, Robert invita Gaston à le suivre.

— Un instant, cher ami, celui de redresser cette boucle de cheveux dont la désinvolture rebelle nuit à la régularité de ma coiffure, répondit Gaston, penché sur le miroir.

— Fat! tu veux être irrésistible à Marseille comme à Versailles.

— Oui, cher, je veux être renversant comme toujours; enfin, me montrer et vaincre. C'est mon fort, tu sais?...

Quelques minutes encore, puis bien poudré, bien pommadé, bien parfumé, Gaston, charmant cavalier, suivit son ami, et d'un bond gracieux, s'élança à son côté dans le luxueux carrosse que les chevaux emportèrent avec rapidité.

Une promenade au port, au grand cours, sur les places Royale et de Saint-Féréol, à la porte de Rome, tout cela par un temps superbe, un soleil admirable ; puis nos deux seigneurs, à la suite d'un déjeuner des plus excellents pris dans le cabaret le mieux hanté et le mieux famé de la ville, la tête légèrement montée par un vin généreux, Robert et Gaston, munis de leur lettre de recommandation, se firent conduire à la demeure du baron de Roche-Courbe.

Une grande maison sombre et de gothique construction, située sur le bord de la mer, avec une porte cochère toute constellée d'énormes têtes de clous, des fenêtres démesurément grandes avec de larges balcons en fer ouvragé, un toit pointu orné de plusieurs girouettes et de gouttières sous la forme de monstres hideux qui, les jours de pluie, déversaient sur le pavé de la rue et le dos des passants d'énormes cataractes d'eau s'échappant en longs jets de leurs gueules béantes.

Un coup frappé avec l'énorme heurtoir appendu à la porte, fit accourir un valet caduc, lequel passant sa tête à travers une ouverture de la porte entr'ouverte, après avoir regardé d'un air stupide les deux visiteurs, demanda d'une voix nasillarde ce qu'ils souhaitaient.

— Voir votre maître et lui présenter nos salutations. Allez donc annoncer à M. le baron de Roche-Courbe la visite de M. le marquis Robert de Chaverny et celle du vicomte Gaston de la Peyronie, dit ce dernier avec impatience.

— Donnez-vous la peine d'entrer, messieurs, et de passer au salon ou au jardin, à votre choix, afin d'y attendre l'heure où il me sera seulement permis d'éveiller mon maître et de lui annoncer votre visite.

En disant ainsi, le vieux serviteur introduisit gravement les deux seigneurs dans une cour immense, ou, pour mieux dire, une verte pelouse, tant l'herbe qui avait poussé entre les interstices des pavés l'envahissait de toutes parts.

— Comment, M. de Roche-Courbe n'est point encore levé à une heure après midi ? demanda Robert.

— Faites excuse, messieurs, et depuis longtemps encore; mais mon maître a l'habitude de faire une sieste de deux heures entre chaque repas.

— Ah ! ah ! Et combien ce cher baron se met-il de fois à table dans le courant de la journée? s'informa Gaston en riant.

— Trois fois, messieurs, répondit le valet, tout en introduisant les visiteurs dans un vaste salon situé au rez-de-chaussée, dont l'aspect sévère et le gothique ameublement vous reportait au temps du moyen âge.

Ce vaste musée d'antiquités était heureusement éclairé par trois hautes et larges fenêtres, dont une d'elles, celle au milieu, servait de porte et donnait sortie sur un vaste perron et un magnifique jardin.

— Messieurs, reprit humblement le vieux serviteur avec gravité, voilà des sièges douillets pour dormir si l'envie vous en prend, là, un beau jardin pour vous promener si mieux vous préférez. Agissez selon votre volonté, en attendant que l'heure qui vous reste à attendre se soit écoulée.

— Par la sambleu ! ne pourriez-vous éveiller tout de suite le baron plutôt que de nous laisser ici dessécher d'ennui ? demanda vivement Gaston.

— Sainte Vierge ! je n'aurais garde de troubler ainsi l'ordre de la maison et le repos de mon maître, fût-ce pour la personne de notre bien-aimé le roi Louis XV, sous peine d'encourir sa disgrâce; car, avec lui, il ne faut jamais s'aviser de déroger aux us et coutumes du logis.

— Soit; mais votre maître, nous a-t-on dit, n'est pas seul chez lui; mademoiselle Vénus de Miremont, sa nièce, ne peut-elle nous recevoir en l'absence de son oncle ? demanda Gaston.

— Notre demoiselle, que l'activité et la pétulance rendent l'ennemie du repos et du silence, a pour habitude de profiter chaque jour du sommeil de son oncle, pour aller s'exercer en mer.

— S'exercer !... A quoi ?... interrogea curieusement Gaston.

— A conduire seule son canot, à fendre la lame et à braver le danger comme un vrai diable qu'elle est, mais un diable qui a la bonté et la vertu d'un ange, dit le vieux serviteur en souriant.

— Nous n'avons pas l'honneur de connaître mademoiselle Vénus de Miremont, mais on nous l'a dépeinte comme une belle et gracieuse personne, reprit Gaston.

— On ne vous a pas trompés, messieurs, notre jeune maîtresse est belle comme la mère du Christ, dont elle a la bonté.

— Pensez-vous qu'il nous sera permis de la saluer bientôt ? demanda Robert.

— Je ne puis vous répondre; quelquefois, mademoiselle Vénus rentre tôt, quelquefois bien avant dans la nuit, c'est alors qu'elle nous plonge dans une inquiétude mortelle, que M. le baron, qui l'idolâtre, la croit perdue en mer, noyée peut-être... Elle est si téméraire qu'elle joue avec le danger comme les autres filles jouent avec des colifichets. Mais, permettez-moi de me retirer, messieurs, car mon devoir m'appelle dans la maison. Aussitôt que mon maître sera éveillé, je m'empresserai de venir vous en prévenir.

Cela dit, le valet s'éloigna.

— Cher, ne trouves-tu pas, ainsi que moi, que cette maison sent le moisi, que l'on y respire un parfum nauséabond de vétusté, qui m'aurait fait fuir à première vue, si le désir de faire connaissance avec cette petite provinciale, parée d'un nom si orgueilleux, ne me retenait malgré moi.

— Comme tu le dis, Gaston, cette demeure ne me fait pas l'effet d'être une joyeuse oasis où nous désirons trouver tout à la fois l'esprit, le plaisir et l'amour facile.

— Au diable la curiosité et le caprice, et si tu m'en crois, Robert, ne courons pas plus longtemps le danger de périr ici d'ennui, en y attendant qu'il plaise à cet ours de baron de sortir de sa tanière et de son engourdissement, pour nous donner audience, pas plus que la venue de sa nièce qui, peut-être, est à cent lieues du portrait flatteur que l'on nous en a fait.

— Monsieur Gaston, pas d'impolitesse ; voyons ces gens, prenons la peine de les apprecier, et ensuite nous verrons ce que nous aurons de mieux à faire.

— Tu le veux absolument, alors, bonsoir, ami, car je sens le narcotique que l'on respire ici m'engourdir les sens... Robert, bonsoir, te dis-je, je vais dormir.

Ainsi parlait Gaston en s'étendant sur une chaise longue et en fermant les yeux, lorsqu'une voix gracieuse et pleine de fraîcheur se fit entendre dans le jardin, voix de jeune femme roucoulant mélodieusement quelques versets du Dante Alighieri, sur une musique florentine, sons enchanteurs, électriques, dont l'effet fut de faire bondir de dessus leurs sièges les deux jeunes gens pour courir à la fenêtre, et apercevoir dans le jardin, qu'elle traversait d'un pas vif, une jeune et jolie fille au teint rosé, coiffée d'un large chapeau de paille, d'où s'échappaient les boucles ondoyantes d'une blonde et riche chevelure, dont la taille, enfermée dans un étroit corsage, était ravissante à voir.

— Qu'est-ce que cette charmante créature? fit Robert.

— Sa chevelure dorée me ferait croire que nous voyons en elle la Vénus amphitrite que nous attendons.

— Alors, nous aurons bien fait d'attendre ; je te remercie, Robert, de m'y avoir engagé.

— Bon ! te voilà déjà, et comme toujours, amoureux à première vue.

— Tu devines cela, Robert, et j'en suis enchanté, car, alors, étant le premier en jeu, les droits m'appartiennent.

— C'est-à-dire qu'il me faut battre en retraite devant les charmes de la belle.

— Et tu me rendras service.

— En ne tombant pas, ainsi que toi, amoureux à première vue.

— Pas plus qu'à la seconde.

Une porte qui s'ouvrit interrompit l'entretien, et les deux jeunes seigneurs s'empressèrent de saluer mademoiselle Vénus de Miremont dans la délicieuse fille qui se présentait à eux la tête haute, l'œil vif et les lèvres souriantes.

— Vous désirez voir mon oncle, messieurs ? Qui êtes-vous ? Que lui voulez-vous ? demanda Vénus, après avoir répondu au salut des visiteurs.

— C'est mademoiselle Vénus de Miremont que nous avons l'honneur de saluer ? fit Robert.

— Oui, messieurs.

— Voyageurs et étrangers à Marseille, mais porteurs d'une lettre pour M. le baron de Roche-Courbe, votre oncle...

— Ah ! oui, une lettre de recommandation. De quelle part ? interrompit brusquement Vénus.

— De madame la marquise de Presle, votre cousine, mademoiselle.

— Bonne recommandation, en effet, messieurs, qui vous donnera grand crédit auprès de mon oncle. Soyez donc les bienvenus, et regardez comme la vôtre cette maison où l'on s'empressera de vous complaire. Seulement, vous excuserez mon oncle et moi, si nous ne vous tenons pas toujours bonne et fidèle compagnie ; car ici, liberté tout entière.

— Comment donc, mademoiselle, mais nous serions désolés, mon ami le marquis Robert ainsi que moi, de vous occasionner le moindre sujet de gêne ou de contrariété.

— Gaston a raison, mademoiselle, la seule faveur que nous sollicitons est celle de venir quelquefois vous présenter nos hommages respectueux.

— Ce n'est pas ainsi que nous l'entendons, messieurs ; vous, loger à l'hôtel ? fi ! Des personnes qui nous sont recommandées par notre cousine deviennent de droit nos amis et nos hôtes, c'est vous dire que notre demeure est la vôtre.

— Nous n'oserions, mademoiselle, dit Gaston d'un ton modeste et scrupuleux, quoique intérieurement ravi de l'invitation.

— Osez, messieurs, car telle est ma... la volonté de mon oncle que je vous transmets, répliqua Vénus d'un petit ton absolu et sans réplique, pour reprendre ensuite. Êtes-vous marins, messieurs ?

— Marins de Paris, mademoiselle, répondit Robert en souriant.

— Ah ! oui, je comprends, cela veut dire marins d'eau douce. Eh bien ! je veux vous faire faire connaissance avec la mer, mon élément à moi, mon amie et ma compagne.

— Dites plutôt votre mère, mademoiselle, puisque Vénus en naquit un beau jour, dit Gaston d'un ton galant.

— Ce que vous me dites là, monsieur, est on ne peut plus poli et sent tout-à-fait son Versailles ; mais, croyez-moi, pas de finesse d'esprit avec moi, je suis trop rustique, trop ignorante pour y rien comprendre et vous m'embarrasseriez.

Comme Vénus terminait ces mots, une toux de stentor se fit entendre de la pièce voisine, et la jeune fille, plus vive qu'une gazelle, en deux bonds s'en fut ouvrir la porte du salon pour donner entrée à un grand gaillard aux formes athlétiques, au teint rouge et bourgeonné, à l'œil vif, malin et scrutateur, vêtu d'une large houppelande de camelot de couleur brune, d'un large pantalon de toile grise et coiffé d'un chapeau en feutre rond à larges bords. En entrant, cet homme, autrement dit le baron de Roche-Courbe, envoie son chapeau bondir sur un siège, puis il s'avance souriant vers les deux seigneurs qui, s'étant levés à sa vue, s'empressaient de le saluer.

— C'est bien, pas de façon, asseyez-vous, messieurs, dit le baron en se jetant lui-même sur un fauteuil placé en face et tout près des deux jeunes gens.

— Mon oncle, ces messieurs sont nos hôtes ?

— Tant mieux, troun de Diou !

— Ils sont porteurs d'une lettre à votre adresse, de notre cousine de Presle.

— La voici, monsieur le baron, dit Robert en présentant ladite missive au baron qui la prit pour aussitôt la repasser à Vénus.

— Lis nous ça, ma mie, et presto !

La jeune fille obéit, et après lecture faite :

— La cousine dit que vous êtes de braves jeunes gens et nous recommande de bien vous accueillir.

— Ça me va ; or, ma maison est à vous tant qu'il vous plaira d'y rester... N'est-ce pas, petiote ?

— Oui, mon oncle, c'est ce que j'ai dit à ces messieurs.

— Et tu as eu raison, bagasse !...

— Çà, mes petits amis, vous êtes donc de beaux seigneurs de la cour de Versailles ?

— Où nous avons l'honneur d'être bien accueillis de Sa Majesté, dit Gaston.

— Ah ! ah ! Sa Majesté Louis XV. Il y a bien longtemps que je n'ai été lui faire ma cour, enfin, depuis qu'une injustice, dont m'a rendu victime l'un de ses ministres, m'a fait quitter la marine royale pour revenir à Marseille, ma ville natale, vivre en bon bourgeois et servir de père à cette petiote nièce qui était devenue orpheline.

— Je suis persuadé, monsieur, que le roi aurait plaisir à revoir en vous un de ses anciens et braves serviteurs.

— C'est possible, mais je ne lui donnerai pas ce plaisir, troun de Diou ! Je n'ai nullement l'envie d'aller à Versailles faire rire à mes dépens tous les beaux muguets de sa cour, où franchement un lourdaud de ma façon, un véritable chien de mer de mon espèce serait déplacé et ferait honte à son titre de baron... Bagasse ! Tu vois, petiote, que nous causons à sec, et tu ne t'empresses pas de nous faire servir à boire, ajouta le baron en s'adressant à Vénus, qui se contenta d'allonger un bras pour saisir et agiter une sonnette placée près d'elle sur une table et faire accourir deux valets qui, sur un signe, s'empressèrent de dresser une table pour ensuite la couvrir de verres et de bouteilles.

Robert et Gaston ne pouvaient se rassasier de contempler les deux personnages singuliers avec qui ils se trouvaient.

Ce baron, à l'allure brusque et franche qui tenait plutôt de l'homme du peuple que du seigneur de haute naissance ; puis cette jolie fille qui, à tous les charmes de son sexe, joignait un caractère décidé, et un sans façon tout-à-fait original.

À notre bonne rencontre, messieurs, fit le baron, après avoir rempli les verres d'un excellent madère.

— À votre santé, monsieur le baron, ainsi qu'à la vôtre, mademoiselle, dit Gaston, dont la surprise fut grande en voyant Vénus vider d'un seul trait le verre qu'elle venait de toquer contre le sien pour aussitôt le remplir à rase-bords.

Une longue et intime causerie tarda peu à s'entamer, et dans laquelle Gaston raconta avec forfanterie les circonstances et les suites du duel qui l'avait forcé de quitter subitement Paris, où Robert, prenant la parole à son tour, fit preuve de bon sens, où Vénus qui écoutait eut tout le temps d'apprécier et de juger avec intelligence toutes les qualités et les faiblesses de ses nouveaux hôtes.

— Troun de Diou ! vous ne buvez pas ! seriez-vous des poules mouillées, camarades, s'écria le baron en voyant Gaston retirer son verre à mesure qu'il se disposait à le remplir.

— Excusez-moi, monsieur le baron, mais ce vin commence à me monter à la tête et je serais désolé de me griser devant des personnes que je respecte, dit Gaston.

— Je pense ainsi que mon ami, fit à son tour Robert.

— Eh bien! petiote, qu'en dis-tu de ces Parisiens, de ces marquis musqués, dont la tête déménage au premier assaut. Ça n'est bon, tout au plus, qu'à papillonner autour des femmes de la cour, à tourner dans leur cerveau de fades madrigaux ou des bouquets à Chloris, à Philis... Bagasse ! Il nous faut faire des hommes de ces muguets-là, qu'en dis-tu ?

— Je dis, cher oncle, qu'il faut que chacun soit libre de suivre ses goûts et ne pas chercher à leur imposer les nôtres.

— C'est égal, petiote, je te charge de leur éducation, troun de Diou! s'écria le baron en frappant la table du poing.

— Sous un aussi gentil professeur, nous ne pouvons que gagner; or, nous acceptons, dit Robert en souriant.

— Monsieur le baron, le dîner est servi, s'en vint annoncer le vieux valet.

— Les camarades sont-ils arrivés ?

— Oui, maître, répliqua le serviteur.

— A table donc, et qui m'aime me suive, reprit le baron en partant le premier, sans s'occuper si les jeunes gens le suivaient ou non.

— Allons, messieurs, n'avez-vous pas entendu que le dîner nous attend ? dit Vénus.

— Pardon, mademoiselle, mais il y a fort peu de temps que nous-mêmes avons quitté la table, répliqua Robert.

— Voulez-vous nous faire l'impolitesse de refuser notre hospitalité ? reprit Vénus avec sévérité.

— Dieu nous en garde, dit Gaston.

— Alors, hâtez-vous, car ici l'on n'attend personne. Cela dit et prenant Gaston et Robert par la main, Vénus les entraîna jusque dans une immense salle à manger où, à leur grande surprise, nos deux jeunes gens virent une table couverte de riche argenterie et sur laquelle encore fumaient une quantité de mets, pour la confection desquels s'étaient rassemblées les productions des quatres parties du monde : puis, autour de cette table de roi, une douzaine de convives présidés par le baron, tous solides gaillards au teint brûlé, aux larges épaules, aux mains calleuses et tous revêtus de l'uniforme du matelot.

Deux places d'honneur à la droite et à la gauche du baron étaient réservées à Robert ainsi qu'à Gaston, qui furent s'y asseoir d'après l'invitation du maître de la maison, aussitôt que leur introduction dans ce vaste réfectoire eut été saluée avec politesse et aménité par les convives, qui tous s'empressèrent de serrer la main de Vénus qui venait de faire le tour de la table, en adressant à chacun un mot amical, pour ensuite aller s'asseoir au bout de la table, au grand désappointement de Gaston.

Quel singulier assemblage ? Qu'est-ce que tous ces hommes à l'aspect grossier, au langage familier, mais dont les traits respirent la franchise et la bonté, avec lesquels le baron et sa nièce n'échangent que des paroles amicales ?

Telles sont les réflexions de Gaston et de Robert, dont tout éveille la surprise et la curiosité dans cette singulière demeure.

Les deux amis, accablés de prévenances et de soins, sont bientôt à l'aise parmi ce monde si nouveau pour eux ; la conversation bruyante et animée ne manque ni de sel ni d'esprit, c'est une macédoine, un roulement d'anecdotes, de faits originaux, bizarres, spirituels, puis des éclats de rire, des verres qui se choquent et se vident, puis encore Robert et Gaston, que l'excellence des mets et des vins a mis en appétit et en gaieté qui, à l'exemple des autres convives, se livrent à une franche gaieté, et le verre en main tiennent tête à chacun, même au buveur le plus rude des buveurs, si bien, enfin, que le lendemain au soleil levant, l'un et l'autre s'éveillaient chacun de leur côté, dans une vaste et belle chambre, douillettement couchés sur un bon lit, sans pouvoir se rappeler ni deviner comment tout cela avait pu se faire sans qu'ils s'en fussent aperçus.

II

LA PETITE CHEVRIÈRE

Ainsi pensait Robert accoudé sur l'oreiller, lorsque Gaston pâle, défait et en robe de chambre pénétra chez lui.

— Ah! te voilà, cher ami, comme tu es blême, serais-tu malade ?

— Un peu, très-cher, ces diables de gens m'ont fait tant et tant boire de vins exquis, à vrai dire, que le cœur m'a tourné toute la nuit, disait Gaston d'une voix languissante, en venant s'asseoir au chevet du lit de Robert.

— En effet, nous avions affaire à de rudes compagnons...

— Ainsi, pourrais-tu me dire comment il se fait que de la table nous sommes passés au lit sans nous en douter ?

— Pas plus que toi, très-cher, et ce qui m'inquiète le plus en ce moment, c'est de savoir avec quoi, où et comment, privés de notre garde-robe, de parfums, de l'aide de nos gens, je vais réparer le désordre de ma coiffure et de ma personne entière.

— Par sambleu! je pense qu'il n'y a qu'à sonner les gens de cette maison et de les envoyer chercher nos malles...

Ce conseil de Robert allait être suivi, mais la surprise de nos jeunes gens fut grande en voyant entrer au même moment leurs propres valets.

— Comment ! c'est toi Lafleur ?

— C'est toi, Picard ?

— Oui, monsieur le vicomte.

— Oui, monsieur le marquis ; d'après les ordres que vous nous avez fait parvenir hier soir, nous et vos bagages sommes venus nous installer ici très à propos pour aider les camarades de cette maison, où l'on est comme dans le paradis, à vous relever de dessous la table où vous veniez de glisser.

— Corbleu! quoi, nous nous sommes oubliés le point et en présence de la belle Vénus ! Que doit-elle penser de nous ? s'écria Gaston, pour ensuite congédier les valets avec ordre de lui préparer sa toilette et surtout, pour cette matinée, le plus coquet de tous ses négligés.

— Robert, dis-moi maintenant ce que tu penses de nos hôtes ?

— Jusqu'alors, Gaston, tout me semble si étrange que je ne puis encore rien m'expliquer, attendons encore pour prononcer.

— Fort bien! mais de Vénus, la belle Vénus, qu'en dis-tu ?

— Qu'il est peut-être fâcheux que cette jolie fille si bien faite pour l'ornement de la société soit condamnée à vivre au milieu des loups de mer où nous la rencontrons.

— Robert, veux-tu, très-cher, que je te fasse un aveu ?...

— Lequel ?

— Apprends donc que mon cœur est pris, que je suis amoureux fou de cette Vénus, de cette fille étrange.

— Je m'en suis aperçu en te voyant la dévorer des yeux... Ah çà, espèrerais-tu par hasard faire ta maîtresse de cette charmante fille ?

— Mais oui, je l'espère, d'autant mieux que la conquête me sera facile.

— Et moi, je pense le contraire.

— Oublies-tu, Robert, que j'ai conquis auprès de nos dames de Versailles, le galant surnom d'irrésistible ! Penses-tu qu'une petite provinciale, vivant au milieu de ces hommes de mer, habituée à n'entendre qu'un langage vulgaire et grossier, puisse résister à tout mon arsenal de séductions, à mon langage tendre et poétique ? Non, très-cher, que je prétends séduire, captiver et enchaîner à mon char Vénus et les amours.

— Ainsi, tu prétends payer la bonne hospitalité que tu reçois ici, par la séduction ?

— Je t'en prie, Robert, fais-moi grâce de ton éternelle morale et n'accuse que l'amour de mes erreurs cythériennes, répliqua Gaston.

Quelques mots encore et les deux amis se séparèrent pour vaquer aux soins de leur toilette, puis ensuite aller saluer ensemble les maîtres de la maison.

La huitième heure du matin venait de sonner, lorsque Gaston et Robert se présentèrent au salon qu'ils trouvèrent désert, où un valet accourut à leur coup de sonnette.

— Serait-il trop tôt pour saluer monsieur de Roche-Courbe et mademoiselle sa nièce ? s'informa Robert.

— Monsieur le marquis veut dire trop tard, sans doute, car mon maître et mademoiselle Vénus sont en mer depuis quatre heures déjà.

— Ne pourrions-nous aller les rejoindre ? s'informa Robert.

— Il nous serait impossible d'indiquer de quel côté ils naviguent, il vous serait donc fort difficile de les rencontrer, répliqua le valet en souriant.

— D'ailleurs, la mer a ses dangers et j'ai le cœur trop délicat pour m'exposer à ses caprices; je préfère donc attendre le retour de nos chers hôtes en terre ferme, dit Gaston.

— Si ces messieurs désirent se mettre à table, leur déjeuner est servi, reprit le même valet.

— J'aime mieux cela, fit Gaston.

— Ne serait-il pas plus convenable d'attendre le retour de monsieur de Roche-Courbe et de sa nièce, afin de déjeuner tous ensemble? observa Robert.

Et sur la réponse du valet, que le baron et sa nièce avaient déjeuné avant de partir, les deux amis furent, sans plus de façon, se mettre à table.

Après un excellent déjeuner, Robert proposa à Gaston de venir faire un tour au bord de la mer, et sur le refus de son ami qui, empressé de voir Vénus, n'osait s'absenter, Robert, que ne retenait pas le même intérêt, souhaita bonne chance à Gaston et s'éloigna pour se diriger vers la campagne en traversant le vaste jardin de la maison comme étant le chemin le plus court et le plus agréable.

Après avoir longtemps erré hors de la ville, Robert, sans l'avoir cherché, se trouva au milieu des rochers du hameau des Grottes, rochers où sont creusées de profondes excavations, qui, à en croire l'ancienne tradition, ont dû servir de demeure aux premiers habitants de cette contrée.

Le jeune marquis admirait silencieusement le délicieux point de vue qui se déroulait à ses yeux, lorsque les accents d'une fraîche et ravissante voix qui chantait en patois une ballade languedocienne vinrent vibrer à ses oreilles.

— Serait-ce à la nymphe qui règne sur ces rochers, ou bien à quelque sirène sortie de la mer, que je suis redevable d'un accueil aussi gracieux, se demandait Robert tout en portant ses regards sur les rochers qui l'entouraient et apercevoir la grotte d'où partaient les sons qu'il entendait, et à l'entrée de laquelle gambadaient plusieurs chèvres avec leurs petits.

Le jeune homme, curieux de connaître la chanteuse que la nature avait douée d'un organe aussi étendu que mélodieux, s'empressa de grimper sans bruit les rocs qui le séparent de la grotte, et à l'entrée de laquelle il s'arrêta ravi et surpris en y apercevant une jeune fille de seize à dix-sept ans au plus, assise sur une pierre et occupée à tresser les nattes de sa noire et abondante chevelure.

La jeune fille, à la brusque apparition de Robert, cesse de chanter, et son visage, quoique bruni par le soleil, se colore d'une vive rougeur.

Robert, quelques instants, contemple avec étonnement la jeune chevrière dont les yeux se lèvent timidement sur lui; il admire la beauté parfaite de son joli visage, puis ses formes élégantes, fines et gracieuses, les contours voluptueux de ses membres adolescents qui laissent deviner à son œil exercé tous les charmes qu'elle possédera plus tard, lorsque la beauté de cette enfant aura atteint toute sa perfection.

— Excusez-moi, ma jolie fille, d'avoir interrompu la gentille chanson qui m'a guidé vers vous.

— Oh! il n'y a pas de mal, monsieur, répondit la chevrière en rougissant plus encore.

— Ces chèvres sont à vous?

— A ma mère, monsieur.

— Vous habitez près d'ici, sans doute, ma jolie fille?

— Au village des Grottes, monsieur.

— Et, chaque jour, vous vous rendez sur ces rochers avec vos chèvres?

— Tous les jours, monsieur. Mais pourquoi me demandez-vous cela? interrogea la jeune fille.

— Parce que, chaque jour, si vous me le permettez, j'y viendrai aussi pour vous entendre chanter.

— Hélas! je ne chante pas tous les jours, monsieur, surtout ceux qui ma pauvre mère est souffrante.

— Et votre père?

— Je n'en ai plus, monsieur, répondit tristement la jeune fille.

— Vous êtes Marseillaise, sans doute?

— Non, mais Italienne; ma mère qui est Romaine, m'a mise au monde à Livourne et amenée à Marseille à peine âgée d'un an.

— Que fait votre mère?

— Elle et moi nous filons, et le salaire que nous vaut ce travail, joint à celui que nous rapporte le lait de nos chèvres, suffit pour nous faire vivre

— Je vous écoute, mon enfant, et je m'aperçois avec surprise que votre langage n'est pas celui d'une villageoise.

— C'est que bonne mère, qui n'a pas toujours été une pauvre paysanne, m'a enseigné à lire, écrire et compter, ainsi que le peu de choses qu'elle sait.

— Ceci est le fait d'une bonne et prévoyante mère... Comment vous nomme-t-on, mon enfant?

— Piazetta, monsieur, pour vous servir.

— Eh bien, Piazetta, voulez-vous me permettre de m'asseoir à côté de vous, afin de mieux causer ensemble?

Piazetta, après avoir écouté cette demande faite d'une voix douce et presque suppliante, demeure pensive un instant, puis ensuite se reculant afin de faire place à Robert :

— Asseyez-vous, monsieur, répond-elle.

Et Robert s'empressa de profiter de la permission.

— Qui êtes-vous, monsieur? sans doute un habitant de Marseille?

— ...Je demeure en effet à Marseille, et me nomme Robert.

— Et vous êtes riche, n'est-ce pas?...

— J'ai quelques biens qui me permettent de vivre heureux et tranquille.

— Et de faire du bien aux malheureux, sans doute? reprit vivement Piazetta.

— Autant qu'il est en mon pouvoir, ma jolie fille.

— Oh! cela doit être un doux plaisir pour vous?

— Oui, j'aime surtout à mettre ma bourse au service de mes amis et j'ai grande envie d'être des vôtres, belle Piazetta.

— Afin de mettre aussi votre bourse à ma disposition ; mais, je vous remercie d'avance, monsieur ; ma mère et moi, nous travaillons et ne demandons rien à personne, répondit fièrement Piazetta.

— De grâce, mon enfant, de moi ne prenez rien en mauvaise part, car, si je désire être de vos amis, ce n'est que dans le doux espoir de venir, sans vous déplaire, vous visiter chaque jour, de vous entendre et d'admirer votre charmante personne.

— Comme vous êtes donc poli avec une pauvre fille, monsieur ! dit en souriant Piazetta.

— Ah! c'est que jamais fille pareille à vous, Piazetta, ne s'est encore offerte à ma vue ; c'est qu'en vous, je rencontre tout à la fois esprit, beauté, candeur, réunis à toutes les perfections physiques.

En disant ainsi d'une voix douce et persuasive, Robert s'emparait doucement de la main de Piazetta pour la presser tendrement dans les siennes, pour ensuite reprendre en ces termes :

— Piazetta, suis-je donc le premier homme qui vous dit que vous êtes belle et qui désire être de vos amis?

— Quelquefois, des messieurs de la ville, en passant par notre village, m'ont, ainsi que vous, murmuré ces paroles ; puis il y a encore Georges, le forgeron de la Cannebière, jeune garçon et bon ouvrier de qui je dois être la femme, et qui, à cet effet, m'a demandée à ma mère dont il aura grand soin de la vieillesse.

— Et ce mariage est de votre goût, Piazetta? s'informa vivement Robert, que cet aveu de la jeune fille inquiétait malgré lui.

— Je crois que oui; car Georges est si bon !

— Cependant, Piazetta, tant de charmes ne peuvent appartenir à un homme grossier. Vous si bien faite pour briller et être heureuse, vous devant qui le monde entier s'inclinerait si, quittant ces tristes rochers, vous daigniez venir vous montrer à lui et le dominer par l'aspect de vos charmes? Piazetta, croyez-moi, n'épousez pas ce Georges.

— Pourquoi pas? ma bonne mère, qui s'y connaît mieux que moi, dit que Georges est le mari qui me convient, et que je serais heureuse avec lui.

En prononçant ces dernières paroles, Piazetta s'était levée.

— Quoi, vous voulez me quitter déjà, moi qui ai tant de plaisir à causer avec vous! fit Robert en essayant de retenir la main mignonne qui lui échappait.

— Le soleil m'indique qu'il est midi, et ma mère m'attend.

— Demain, vous reviendrez ici, sans doute?

— Oui, monsieur, car mes chèvres aiment beaucoup le lichen et la mousse qui croissent sur ces rochers.

— A demain donc, Piazetta, fit tristement Robert.

La jeune fille n'osa répondre et elle s'éloigna les yeux baissés, chassant devant elle son troupeau ; quant au jeune homme, appuyé sur un rocher, il suivit du regard Piazetta, jusqu'à ce qu'elle eût disparu dans le sentier tortueux qu'elle suivait.

III

OÙ LA VIE DE GASTON COURT DEUX GRANDS DANGERS

Il y avait tantôt huit jours que Robert et Gaston habitaient la demeure du baron de Roche-Courbe, huit jours que Gaston était tombé amoureux fou de Vénus, et sept que Robert faisait de fréquentes absences, de longues promenades solitaires, à ce qu'il disait à son ami qui le questionnait, desquelles promenades il revenait souvent animé d'une gaieté folle, quelquefois triste et pensif. Robert, qui craignait d'abuser de la bonne hospitalité du baron, avait, à plusieurs reprises, proposé à Gaston d'aller s'établir, de par la ville, dans quelque bonne hôtellerie où ils seraient libres alors de leurs actions, et de se présenter dans les nobles et riches familles auprès desquelles ils s'étaient munis de lettres de recommandation.

En proposant ainsi, Robert avait une pensée, celle de fréquenter le monde, de rencontrer dans ces sociétés le bruit, des plaisirs capables de le distraire d'une pensée incessante, d'un mal qui, chaque jour, et malgré sa volonté, ses efforts pour s'en affranchir, prenaient de plus en plus racine dans son cœur.

Quant à Gaston, toutes les fêtes du palais de Versailles, toutes les brûlantes œillades et tendresses des dames de la cour n'eussent été des attraits assez puissants pour l'arracher d'une maison où, d'après son dire, il avait enfin connu l'amour vrai et la femme selon son cœur.

Est-ce donc à dire que la belle Vénus, durant l'espace de huit jours qui venaient de s'écouler, avait encouragé sa flamme? Loin de là, mon Dieu! car, à dire vrai, Gaston, amant timide, n'avait encore osé se déclarer. La jolie fille ignorait donc qu'elle pouvait compter une conquête de plus. En vain Gaston, s'armant quelquefois de courage, guettait-il l'occasion de saisir chez la jeune fille un de ces moments d'abandon où le cœur, ouvert aux douces impulsions, prête une oreille attentive aux tendres paroles que l'on désire faire parvenir jusqu'à lui. Impossible! Vénus, qui semblait étrangère aux faiblesses de son sexe, s'entêtait à ne rien comprendre aux tendres œillades, aux langoureux soupirs que notre jeune homme laissait échapper de son sein lorsque dans un rare tête-à-tête il se servait de ces mêmes soupirs comme d'un avant-propos à sa déclaration, doux aveux que l'indifférente jeune fille ne lui donnait jamais le temps d'aborder.

Il nous faut dire encore qu'il existait de bien bizarres coutumes dans cette demeure, dont le maître ne semblait vivre que pour boire, manger et dormir; dont la société n'était qu'un composé de marins, fort bons diables, d'accord, mais dont les manières brusques, le langage tant soit peu avancé donnaient une singulière idée des goûts, us et coutumes du baron de Roche-Courbe, fuyant la bonne société de Marseille, dans laquelle ses titres et sa fortune pouvaient lui donner accès, pour ouvrir son salon à un monde ignorant et obscur.

Gaston donnait, en plus, un tort sérieux au baron, celui d'accorder une trop grande liberté à cette nièce qu'il adorait et gâtait à la journée; de souffrir les longues absences qu'elle faisait chaque jour, d'encourager chez la jeune fille cette singulière manie de s'exposer seule sur la mer, rien que pour le plaisir orgueilleux de braver le danger.

— Monsieur le baron dort. — Mademoiselle Vénus est en mer.

Telle était l'incessante réponse des valets de la maison à tous les visiteurs qui se présentaient; à Gaston même, lorsqu'après avoir cherché Vénus dans toute la maison, il s'informait de ce qu'elle était devenue.

Notre amoureux avait beau se lever de bon matin, quelquefois même devancer le soleil, dans l'espoir de surprendre la jeune fille seulette, sans cesse il était en retard. Mademoiselle venait de partir, répondaient les valets.

Lorsque sonnait l'heure du déjeuner, la chose allait-elle mieux? Non, car monsieur le baron n'était pas encore éveillé et mademoiselle n'était pas rentrée. Forcé de se résigner, de ne plus attendre sous peine de mourir d'inanition, on se mettait à table sans les maîtres de la maison, lesquels, cependant, fidèles à l'heure du dîner, vous entouraient alors de bons soins et vous consacraient la soirée tout entière.

— En vérité, il me faudrait être triton pour pouvoir suivre cette amphibie et lui parler d'amour au sein des ondes où, sans bruit et sans témoin, elle daignerait peut-être m'entendre et me répondre. Décidément, l'aversion prononcée que j'éprouve pour la plaine liquide nuit infiniment à mes progrès amoureux.

Le même soir où Gaston se disait ainsi avec dépit, en rentrant dans sa chambre à coucher, après avoir passé la soirée en compagnie du baron, de Vénus et de Robert, donc, ce soir-là, ne se sentant nulle envie de dormir quoiqu'il fût passé minuit, notre jeune homme ne pouvant se décider à se mettre au lit, ni troubler le repos de Robert pour converser avec lui, pensa à descendre au jardin afin d'y respirer un peu de fraîcheur que faisait désirer la chaleur suffocante de l'atmosphère, la mer n'envoyant cette nuit à la terre que le vent brûlant des côtes d'Afrique.

Hélas! qu'il serait doux pour Gaston, s'il pouvait rencontrer, à cette heure, dans ce délicieux jardin, la Vénus qu'il adore sur la terre, cent fois plus belle, à ses yeux, que celle qu'il voit, en cet instant, briller au firmament.

Tout repose dans la maison, nulle lumière n'apparaît à travers les croisées, Gaston qui a quitté sa chambre, gagne doucement le vaste jardin pour aller s'asseoir près d'un massif d'arbres, sur un banc placé tout en face des fenêtres de la chambre de Vénus.

— Elle est là qui repose du sommeil des anges et des grâces, sans se douter qu'un amant qui l'adore et que désespère son indifférence, veille pour penser à elle.

Ainsi disait notre amoureux, lorsque son regard attiré par le bruit, vit s'ouvrir une des portes de la maison donnant sur le jardin et en sortir plusieurs hommes qui se dirigèrent aussitôt de son côté.

Gaston, intrigué et curieux de savoir ce qu'étaient ces gens et le but de leur promenade nocturne, s'enfonça vivement dans le taillis où il se tint silencieux, et regardant à travers le feuillage s'avancer les personnages qui, au nombre de cinq, s'arrêtèrent tout près du banc qu'il venait de quitter, et dans lequel un beau clair de lune lui fit reconnaître le baron, et dans les quatre autres, les marins avec lesquels il s'était souvent attablé.

— Ainsi, capitaine, vous êtes certain qu'il arrive cette nuit même avec sa cargaison? disait en ce moment un marin au baron de Roche-Courbe.

— Quoique la prudence le force de louvoyer loin des côtes et du port, tantôt, Vénus, que j'avais envoyée à la découverte, l'a fort bien reconnu et lui a fait les signaux d'usage auxquels il s'est empressé de répondre.

— Qu'attendons-nous ici pour partir, capitaine?

— Ma nièce, qui doit nous accompagner comme elle le fait chaque nuit, et dont l'adresse nous est si précieuse.

— Capitaine, sauf votre respect, quand congédierez-vous ces deux mirliflors de Parisiens, dont vous nous êtes embarrassé et de qui la présence est pour nous tous un sujet de contrainte? fit un des marins.

— Quand cela me conviendra, mille sabords! Apprends, maître Larifleur, que ces jeunes gens me sont recommandés par notre belle cousine de Presle, que je ne suis pas du tout fâché que l'on sache à Marseille que j'héberge, dans ma maison, deux seigneurs de la cour de Versailles et qu'ils y sont bien traités. D'ailleurs, ces jeunes gens me plaisent, leur crédit peut un jour nous devenir nécessaire, et j'entends que l'on continue d'avoir pour eux tout le respect et les prévenances possibles, répondit le baron d'une voix brusque et impérieuse à laquelle nul n'osa répondre.

— Bien dit, cher oncle, fit Vénus, revêtue d'un costume de matelot, et qui, après être arrivée d'un pas vif et léger, avait saisi les paroles du baron.

Quelques mots encore et la petite troupe se remit en route à travers le jardin, suivie à distance par Gaston, qui, horriblement intrigué, ne sachant plus à qui il avait affaire, voulait essayer de découvrir à quelle sorte de travail se livraient ces coureurs de nuit.

Le jeune homme vit la petite troupe, le baron et sa nièce en tête, s'arrêter près d'une espèce de rocher situé au fond du jardin, lequel rocher servait de base à un belvédère gracieux, dont l'élévation permettait à ceux qui s'y trouvaient, d'embrasser d'un coup d'œil la mer, le port, une longue suite de côtes et la campagne qui bordait ces dernières.

Vénus, d'un pas leste, monta seule sur le belvédère, tourna son regard du côté de la mer, et après avoir observé quelques instants :

— Cher oncle, les feux s'agitent, le signal est donné, hâtons-nous, s'écria la jeune fille, en descendant plus vite encore qu'elle n'était montée.

Un des marins, pendant ce temps, faisait tourner une des grosses pierres du rocher, laquelle roulant sur un pivot, déboucha l'entrée d'un souterrain dans lequel ils disparurent tous aux regards de Gaston.

— Que diable vont-ils faire dans cette cave?... Si je pouvais les y suivre...

Et s'étant approché du rocher, le jeune homme entreprit à son tour de faire tourner le bloc de pierre qui céda sans effort. Gaston, sans plus hésiter, s'avance dans le souterrain, guidé par la lueur lointaine d'une torche et le son de voix de ceux qui l'ont précédé dans cet antre obscur.

Mais notre jeune homme est bientôt forcé de ralentir sa marche sous peine de se jeter dans la bande qui vient de s'arrêter dans une vaste caverne tout encombrée de ballots et de caisses, où Gaston, caché dans l'angle d'une roche et retenant jusqu'à sa respiration, voit le baron distribuer des armes à ses gens, et Vénus, elle-même, placer deux pistolets à sa ceinture.

— Toujours la même prudence que je recommande chaque jour, amis, point d'imprudence, ménageons la vie de ces hommes et ne faites usage de ces armes qu'à la dernière extrémité, dit le baron.

— Décidément, Robert et moi, nous sommes tombés dans une bande de voleurs, pensait Gaston tout tremblant, et qui, renonçant à en connaître davantage, s'empressa de rebrousser chemin afin de regagner la sortie du souterrain dont la pierre était retombée lourdement derrière lui lorsqu'il était entré.

Notre jeune homme, plongé dans une complète obscurité, se dirigeait à tâtons dans les mieux dans le tortueux couloir qui l'avait amené et dont cette fois il ne pouvait atteindre la fin.

— Où vais-je ! me serais-je égaré dans ce noir dédale ?

Et à cette seule pensée, une sueur froide inondait le visage de Gaston.

— Décidément, je n'y suis plus, reprit-il, que faire ? que devenir ? Maudite curiosité !

Après un instant de réflexion, le jeune homme prend le parti de retourner à la caverne où, peut-être, retrouvera-t-il le baron, Vénus et leur suite dont il suivra les pas.

Gaston, résolu, se remit aussi vivement en marche que la position et l'obscurité le lui permettent.

Hélas ! plus personne ; aucune voix ne se fait plus entendre, aucune lumière ne luit pour éclairer ses pas incertains. Il marche, marche encore, toujours au hasard, troublé par l'inquiétude, par la peur même ; ses jambes flageollent; peut-être s'est-il égaré sans retour ; peut-être est-il condamné à mourir de désespoir et de faim dans cet horrible souterrain et, à cette pensée, Gaston sent le vertige s'emparer de tout son être.

— Allons ! encore un peu de courage, s'écrie-t-il, pour se remettre à marcher en tâtonnant, en sondant de ses mains les parois rocheux du souterrain qui tantôt ne présente qu'un passage étroit, tantôt un vaste espace dont Gaston est forcé de suivre les contours dans l'espoir d'en découvrir l'issue.

Un vent frais vient subitement caresser la figure du jeune homme, au détour d'un chemin.

Il y a donc près de là une ouverture quelconque ? Et à cette pensée les forces de Gaston se raniment, il marche encore toujours contre le vent qu'il reçoit en face.

Quelques minutes encore d'une pénible incertitude, et le ciel étoilé apparaît aux regards ravis du jeune homme, dont la poitrine oppressée se dilate enfin avec bonheur et joie.

C'était une ouverture semblable à celle du belvédère du jardin et que fermait de même une masse de pierre de roc que l'on avait oublié ou négligé de replacer, et qui roula sur son pivot au premier effort que fit Gaston pour la pousser.

— Libre ! s'écria heureux le jeune homme en se voyant, non sans surprise, sur le rivage et à une très-longue distance du port et de la ville.

Cette nuit était belle, comme les douces et belles nuits du Midi ; pas de nuage au ciel, pas un souffle dans l'air ; la mer paraissait au loin mollement agitée, ses flots éclairés par les accidents de la lumière de la lune, lui donnaient l'aspect d'une mer d'argent et de nacre.

Gaston se sentant fatigué encore plus par la vive émotion qu'il avait éprouvée que par sa course dans le souterrain, se coucha sur le sable, afin de s'y livrer un instant à un sommeil réparateur en attendant le jour qui ne pouvait tarder à venir.

Quelques heures plus tard, quelle ne fut pas la surprise de Gaston lorsqu'en s'éveillant et ouvrant la paupière, il se vit dans sa chambre et couché dans son lit.

Avait-il donc rêvé ?

Tout ce qui lui était arrivé cette nuit, ces courses nocturnes, Vénus sous les habits d'un homme, ce souterrain, la mer, tout cela n'était-il qu'un songe ?

Oui, sans doute, car il n'était pas probable qu'on l'eût ramassé endormi sur la grève, et apporté ici déshabillé et couché sans qu'il se soit éveillé.

Cependant, ses doigts avec lesquels il a gratté le roc que dans son désespoir il s'efforçait d'ébranler, lui causaient encore une vive douleur.

Ne seraient-ce que les effets d'un affreux cauchemar ?

Se serait-il meurtri ainsi après le fer de sa couchette ?

Et en pensant ainsi, Gaston, qui s'était jeté en bas du lit, examinait ses habits, cherchait à découvrir dessus quelque souillure qui vint lui attester que ce qu'il était tenté de prendre pour un rêve était bien une réalité ; mais rien, sa toilette est intacte, pas un grain de sable ni de poussière.

Décidément il a rêvé, et pourtant !...

Il faut encore une preuve à Gaston, celle du belvédère dont il connait le secret, dont il reconnaîtra la pierre qu'il fera tourner, et alors plus de doute.

Il s'habille à la hâte tout en jetant un coup d'œil sur la pendule qui indique la huitième heure du matin.

Il quitte l'appartement, s'élance dans le jardin, se dirige vers le rocher en longeant un petit sentier tortueux planté d'oliviers, pour, au premier détour, se jeter dans Vénus qui, en gracieux déshabillé du matin, se promenait tout en lisant.

Gaston, à cette rencontre imprévue, rougit, balbutie un galant bonjour, mais si mal tourné, que la jolie fille éclate de rire à son nez.

— Qu'avez-vous donc ce matin, monsieur de la Peyronie ; votre esprit, votre air, votre tournure me semblent tout à l'envers, dit enfin Vénus.

— Vous croyez, mademoiselle ?

— Certes ! car j'ai la réputation d'être une excellente physionomiste.

— Ne possédez-vous aussi l'art d'interpréter les songes comme feu Joseph, je vous prierais alors de vouloir bien m'expliquer celui que j'ai fait cette nuit.

— Qui vous dit que je ne possède pas cette science ?... Venez vous asseoir avec moi sous ce berceau de jasmin et m'y raconter ce songe qui vous occupe si fort.

Gaston ne se fit pas répéter deux fois l'invitation, car tous ses scrupules, ses injurieux soupçons venaient de s'évanouir en présence des attraits divins et du sourire enchanteur de la charmante fille avec laquelle il se trouvait en tête-à-tête pour la première fois.

— Allons, monsieur, au lieu de me regarder ainsi et de me manger des yeux, ce que j'ai chez vous une mauvaise habitude, racontez-moi votre rêve, dit Vénus d'un ton enjoué après qu'ils se furent installés sous le berceau dont le feuillage épais formait un ombrage agréable et parfumé.

— Hélas ! que vous êtes ravissante, mademoiselle.

— Votre songe, s'il vous plaît, monsieur.

— Combien sera mille fois heureux celui dont le mérite saura faire battre le cœur que cache une aussi belle enveloppe !

— Est-ce ainsi que commençait votre rêve ?

— Non, mais ce que je brûlais de vous dire depuis huit jours.

— Que je suis jolie, que vous êtes amoureux de moi, ceci est clair et peu nouveau.

— Quoi ! belle Vénus, vous vous êtes aperçue de mon amour ? vous avez deviné la brûlante passion que vos charmes ont allumée dans mon cœur ?

— Certainement, et puisque nous voici sur ce chapitre, je vous demanderai ce que vous espérez de cette passion prétendue brûlante ?

— Mon Dieu, tous mes efforts pour vous la faire partager.

— Et après ? dit Vénus impatiente.

— Après ?... Être le plus heureux des hommes, si je réussissais dans cette douce entreprise.

— Et après ?...

— Après, fit Gaston avec embarras.

— Ah ! vous ne savez quoi répondre. Alors je vais le faire pour vous. Écoutez : Après m'avoir fait partager la passion vraie ou simulée que vous dites ressentir en ma faveur, vous espérez, en homme de la route à de faciles conquêtes, faire de moi votre maîtresse, un joujou que vous congédierez aussitôt que la possession aura chez vous satisfait un caprice passager. C'est ainsi que les grands seigneurs prétendent honorer les petites provinciales, mais ce n'est pas mademoiselle Vénus de Miremont, si jamais elle était assez sotte pour se laisser prendre au trébuchet d'un conteur de fleurettes.

— O ciel ! mais vous vous faites injure, mademoiselle, en osant croire que l'on puisse jamais être parjure envers vous. De grâce, pourquoi douter de la sincérité de mon amour, de la constance qui me commandent vos divins attraits ?

— Parce que vous ne répondez pas franchement à mes questions, fit Vénus avec impatience.

— Peut-être ne les ai-je pas bien comprises.

— Dites plutôt que vous ne voulez pas les comprendre, et

comme je veux y mettre de la complaisance, je recommence et serai claire. Écoutez et répondez avec franchise : Monsieur Gaston de la Peyronie, vous dites que vous m'aimez d'amour ?
— Oui, mademoiselle, je vous adore.
— Qu'espérez-vous de cette belle passion ?
— Votre amour en échange du mien.
— Pas mal, fit en souriant Vénus pour reprendre aussitôt : Quelle serait la conclusion de cet amour réciproque, s'il venait à se réaliser ?
— Un doux hymen, répliqua Gaston poussé dans ses derniers retranchements.
— A la bonne heure ! Mon Dieu, qu'on a donc de peine à vous arracher une honnête parole, quand même vous n'en pensez rien... Ainsi, vous consentiriez à me prendre pour votre femme ?
— Oui, mademoiselle, si vous étiez assez jalouse de mon bonheur pour y consentir.
— Savez-vous, monsieur Gaston, que je porte un beau nom, presque aussi noble que celui du roi de France ; que, déjà riche de mon propre patrimoine et devant l'être plus encore par la fortune de mon oncle dont je suis l'héritière, ma dot sera vraiment royale, et que, joignant à cela mes dix-huit ans, les quelques attraits que vous avez daigné remarquer, je suis un assez bon parti.
— Croyez bien, belle Vénus, que vos qualités et vos charmes suffisent seuls à mon ambition.
— Voilà qui est fort désintéressé, j'en conviens ; mais, par malheur, j'ai fait le serment de n'épouser qu'un marin et vous ne l'êtes pas.
— L'idée est singulière, permettez-moi de vous le dire, jolie Vénus ; mais comme pour vous plaire il n'est rien que je n'entreprenne, aimez-moi, marions-nous et je me ferai marin.
— Permettez, j'ai dit épouser un marin ; or, faites-vous marin et nous verrons ensuite.
— Quoi ! vous exigeriez...
— Que vous prissiez le plus beau comme le plus noble des états. Qui sait ? vous êtes jeune, instruit, brave, je pense ! grâce à moi, vous deviendrez peut-être grand amiral de France : on va t'amour opérer des miracles de la sorte.
— Hélas ! je ne l'espère pas pour mon compte, ayant fort peu de vocation pour l'état d'homme de mer.
— Je comprends, vous préférez celui de courtisan. Il est vrai que le parquet de Versailles, quoique fort glissant, dit-on, est moins dangereux que celui d'un vaisseau, et que les faveurs du souverain, les bonnes grâces des dames de la cour, sont, pour certaines gens, préférables à la gloire d'être vraiment utile à leur pays, et une honteuse compensation à leur lâcheté, termina Vénus d'un ton railleur où se mêlait le mépris.
— Corbleu ! gardez-vous de douter de mon courage, et, pourtant, ici je l'avouerai, je crains la mer et ses tempêtes ; enfin, je préférerais être acteur dans quelque chaude et sanglante bataille livrée sur la terre ferme, que d'être exposé sans cesse au caprice d'un perfide élément, contre les fureurs duquel échouent trop souvent les efforts du courage et ceux du talent.
— Allons, je crois qu'il est de toute impossibilité de sympathiser ensemble ; n'en parlons plus, fit Vénus d'un ton sérieux et railleur.
— Au contraire, parlons-en toujours, et dites-moi, belle Vénus, si vous ne dédaigneriez pas trop le colonel d'un régiment ?
— De marine !
— Non, de cavalerie.
— Oui, cela me plairait assez, si je ne préférais un capitaine de marine... Çà, n'avez-vous donc jamais été en mer ?
— Jamais, Dieu merci.
— Eh bien ! essayez et vous y prendrez goût.
— Non pas, j'ai le cœur trop susceptible.
— Vous m'aimez, dites-vous ?
— A l'adoration.
— Alors, donnez-m'en la preuve en m'accompagnant dans une petite excursion maritime que je vais entreprendre avec notre vieux et plus expérimenté marin.
— Mais, belle Vénus...
— Pas de mais.
— Si...
— Pas de si et suivez-moi ; en route vous me raconterez votre rêve que nous avons tant soit peu négligé... Allons, venez donc, morbleu ! s'écria la jeune impatiente en se levant vivement et tirant Gaston par le bras.
Gaston, qui redoutait le ridicule, céda en dépit de sa volonté et de la peur qui commençait à s'emparer de tout son être.

Sans plus perdre de temps, Vénus passa familièrement son bras sous celui du jeune homme qu'elle entraîna à travers le jardin pour gagner une petite porte qui donnait sur la campagne, où encore, à sa grande surprise, ils trouvèrent une voiture à laquelle étaient attelés deux chevaux vigoureux.
— Voyez, le hasard nous sert à propos ; mon oncle, qui sans doute compte s'en servir au réveil, a donné l'ordre que cette voiture l'attendît ici, dit Vénus en s'élançant, légère et gracieuse, dans le phaéton où Gaston se plaça à ses côtés, silencieux et presque maussade.
Le valet confia les guides à la jeune fille, monta derrière, et les chevaux partirent au galop dirigés par de jolies mains aussi sûres que hardies.
Une course rapide, et les chevaux s'arrêtèrent dans un hameau de pêcheurs, situé non loin de la plage que la mer venait battre de ses flots.
Au bruit de la voiture, plusieurs pêcheurs, hommes et femmes, sortirent de leurs demeures pour venir à la rencontre de Vénus et de son compagnon qu'ils saluèrent avec respect.
— Holà ! Carco, dis-moi si le sloop a quitté la côte, demanda Vénus à un vieux marin d'une construction robuste, à la physionomie dure et sévère.
— Non, demoiselle, répondit avec brusquerie le vieux loup de mer, tout en portant la main à son bonnet.
— Ton canot est-il prêt ?
— Oui, demoiselle.
— Viens donc, tu nous conduiras, reprit la jeune fille qui, un instant après, imposait au craintif Gaston sa volonté en le forçant d'entrer dans une barque légère que balançait le flot et de s'asseoir à ses côtés.
— Au sloop, mon vieux Carco, et force rame, dit la jeune fille au marin.
Et la barque prit le large.
— Eh bien ! mon bel amoureux, qu'avez-vous ? Pourquoi ce silence, cette pâleur et cette contraction dans tous vos traits ? serait-ce la peur qui vous momifierait de la sorte ?
— Je vous le répète, belle Vénus, je hais cet exercice, la vue de cette mer m'effraie, et son odeur nauséabonde me soulève le cœur. Mais vous l'avez exigé, j'ai obéi ; que cette soumission vous soit un gage de la sincérité de mon amour.
— Craindre et haïr la mer, quel sacrilège ! La mer, dont la vue est pour moi une cause de charme et d'émotion, dont j'aime les heures de sérénité, où par une tiède matinée comme celle-ci, souriante et voluptueuse, elle se roule caressante sur sa couche de goëmons et de sables ; combien encore j'aime la voir haletante, échevelée, agitant et dressant jusqu'aux cieux ses crinières d'écume, se dresser, bondir et se tordre comme le damné sur la fournaise ardente.
Ainsi disait Vénus avec animation, en portant ses regards heureux sur l'immensité des eaux, sans plus s'occuper du pauvre Gaston dont la frayeur paralysait les facultés, à qui chaque roulis causait une horrible hallucination, Gaston enfin, qui, à chaque mouvement que le flot imprimait à la barque, le voyant s'enfoncer pour se relever aussitôt, croyait toucher à sa dernière heure.
Le ciel, déjà nuageux à l'instant du départ, se couvrait de plus en plus ; le vent commençait à s'élever et la barque ralentissait sa marche d'abord si rapide, ce dont s'aperçut la jeune fille qui, calme et courageuse, s'empressa de saisir la rame et de seconder les efforts du vieux marin, tandis que Gaston, plus pâle que la mort, oubliait dans la souffrance du mal de mer auquel il était en proie, Vénus, la peur et le danger.
Encore quelques courageux efforts de la part de ses conducteurs et la barque abordait le sloop, charmant petit navire, appartenant au baron de Roche-Courbe, dont l'équipage s'empressa de recevoir à son bord, Vénus et son compagnon, ce dernier plus mort que vif et privé de sentiment.
— Mille sabords ! patronne, quel est ce cadavre défiguré que vous nous apportez là ? demanda un des marins du brigantin après avoir hissé Gaston qu'il emportait sous son bras pour le déposer sur le pont.
— Quoi, Gérard, ne reconnais-tu pas le vicomte Gaston de la Peyronie, avec qui tu as dîné quelquefois chez mon oncle le capitaine ?
— En effet, un bon enfant, dont nous avons fait un solide buveur, ce dont la sobriété dont il faisait parade.
— Et duquel je veux faire un brave marin en dépit de sa poltronnerie, de son aversion pour la mer et les marins, dit en riant Vénus, tout en se penchant sur Gaston, afin de lui faire

respirer un flacon de sels, dont la vertu fut de rappeler les sens du jeune homme.

En ouvrant les yeux et se voyant sur un navire, la frayeur de Gaston se calma quelque peu, puis son regard venant à rencontrer celui de Vénus tout rempli de douceur et de malice, ses lèvres pâles essayaient de sourire et de balbutier ces mots : Méchante! vous voulez donc décidément faire de moi un amiral.

— Un amiral, c'est douteux, mais un brave marin, je l'espère, répondit Vénus pour reprendre aussitôt et d'un ton sérieux en s'adressant aux matelots : Amis, le temps se prend de plus en plus, la bourrasque s'avance, prenons nos précautions; quant à notre novice, afin de l'apprivoiser au plus vite avec la tempête, qu'il soit attaché au pied du grand mât.

Sur ce, Gaston, relevé par les matelots, et jugeant que ce serait inutilement qu'il voudrait résister aux volontés de Vénus, se laissa lier, mais non sans jurer tout bas, mais un peu tard, qu'on ne l'y prendrait plus.

Le sloop louvoyait en ce moment, sa marche était facile; cependant, comme à mesure que l'on s'éloignait, le vent s'élevait avec plus de violence, un ris fut pris dans la brigantine pour offrir moins de toile à son action. Soulagé par cette manœuvre dans sa mâture et sa course, le sloop filait avec plus de rapidité entre les lames, lorsqu'une rafale imprévue vint le coucher presque horizontalement sur les flots. Pendant plusieurs minutes, on dut craindre que l'embarcation ne chavirât sous le poids de cette bouffée; mais le vent venant tout à coup à mollir, on put haller bas la brigantine, et le sloop reprit aussitôt son équilibre naturel.

La tempête, qui avait semblé s'apaiser, redoubla bientôt de violence, une embarcation moins bien gouvernée eût été cent fois emportée et brisée par les lames énormes que la tourmente roulait contre elle, mais le sloop luttait avec acharnement. Si le flot furieux le cachait parfois sous une masse d'écume, il reparaissait aussitôt sur la crête d'une autre, secouant les frimas dont la précédente l'avait couvert.

Hélas! que devenait l'infortuné Gaston en cet affreux moment? Était-ce la mort qu'il attendait, ou, plutôt, la frayeur ne l'avait-elle pas tué déjà? Rien de cela. Saisi d'étonnement en présence de ce spectacle sublime et terrible, mouillé jusqu'aux os, n'osant pousser une plainte, ni manifester la crainte et l'horreur qu'il ressentait, Gaston se résignait à son sort; encouragé, cependant, par Vénus qui, calme et insouciante, bravant la mer et ses fureurs, osait mêler les murmures d'un gai refrain à la voix terrible de la tempête.

IV

INCIDENTS DIVERS

Le jour même où l'infortuné Gaston éprouvait toutes les tribulations que nous venons de raconter dans le dernier chapitre, son ami Robert, après avoir quitté son lit, gai et dispos, s'était mis en route et dirigeait ses pas vers la sortie de la ville afin d'aller gagner la montagne où, depuis plusieurs jours, il avait fait la charmante rencontre de Piazetta, la jolie chevrière.

Cette fois ce n'est pas, comme d'habitude, la voix mélodieuse de la jeune fille qui le guide vers la grotte, car tout est silencieux dans la montagne.

— N'aurait-elle pas conduit ses chèvres de ce côté? se demandait Robert en ne voyant pas le troupeau sur la montagne et la grotte déserte. Diable! j'en suis fâché; cette petite est charmante et elle m'intéressait.

Tout en prononçant ces dernières paroles, le jeune homme s'asseyait sur la pierre qui servait de siége à Piazetta.

Il y avait un quart d'heure à peine que Robert se reposait ainsi tout en parcourant un petit volume de poésie qu'il portait sans cesse avec lui, lorsque la voix de Piazetta qui grondait ses chèvres indociles, vint frapper délicieusement son oreille.

Robert allait se lever pour courir au devant de la chevrière, lorsque celle-ci se présenta à ses regards à l'entrée de la grotte. La jeune fille, tout en rougissant, lui fit une gentille révérence accompagnée d'un charmant sourire et s'empressa de lui répondre au jeune homme, tout en s'avançant vers elle pour lui prendre la main et la conduire au banc sur lequel ils se placèrent l'un à côté de l'autre.

— Je craignais que vous ne vinssiez pas aujourd'hui Piazetta, dit Robert.

— Ma mère avait à sortir ce matin pour aller chez le tabellion avec Georges, et, en son absence, j'ai dû garder la maison répliqua Piazetta.

— Chez un tabellion? fit Robert.

— Oui, celui qui doit, dit-on, me marier avec Georges.

— Quoi! ce mariage est donc décidé? fit Robert avec humeur et surprise, tout en fixant son regard sur la jeune fille dont, en ce moment, le visage éclairé obliquement par un rayon de soleil, lui semblait d'une beauté idéale.

— Certainement, bien décidé, puisque sous huit jours serai madame Georges.

— Et cet homme, ce Georges, vous l'aimez, sans doute ce mariage vous rend heureuse et contente? reprit Robert avec dépit.

— Oui, je l'aime, parce qu'il est bon et brave, et, si vo connaissiez Georges, vous me féliciteriez, monsieur, de ce q le bon Dieu m'envoie pour mari un brave et honnête garç qui aimera bien ma vieille bonne mère et lui servira de fils.

— Mais cet homme est pauvre, et pour devenir sa femm vous vous condamnez pour la vie au travail et à l'obscurité.

— En effet, tel est le sort des pauvres gens comme no Mais Georges est un bon et laborieux ouvrier, je ne suis p paresseuse, non plus; et Dieu, aidant, nous saurons être he reux et à l'abri du besoin.

— Piazetta, le ciel qui vous a faite si belle et si parfaite, peut vouloir que vous gâtiez son plus bel ouvrage dans l'ass jettissant à de rudes travaux, et que, faite pour embellir monde, vous passiez obscurément votre vie dans un pau village sous la domination d'un manant incapable de co prendre tout ce que la possession de votre charmante pe sonne exige de soin et d'adoration... Piazetta, croyez-m consentez à vous confier à moi, à me charger du soin de vo bonheur, et je vous emmène à Paris, je vous conduis à V sailles, à la cour, où tout ce que la France a de plus nob seigneurs s'empressera de vous plaire et de vous adorer.

— Allons donc, monseigneur, moi à Paris, à la cour, m simple chevrière; vous vous moquez, je pense, répliqua P zetta, en souriant et jetant sur Robert un regard où se p gnait l'incrédulité.

— Non, Piazetta, dites un mot, et la fortune, les plus bel toilettes, les joies de ce monde deviennent votre partage. C croyez-moi, repoussez un époux indigne de vous, le s obscur et misérable qu'il vous prépare, pour venir avec m jouir de tous les biens de la terre, pour m'aimer, ê adorée de moi, devenir pour toujours ma compagne fidèle.

En parlant ainsi, Robert pressait tendrement dans la sie la main de la jeune fille, dont son bras entourait amoureu ment la taille élancée.

— Vous aimer! mon Dieu, je ne le puis, n'ayant qu' cœur que j'ai donné à Georges. Vous suivre, dites-v encore, impossible! car il me faudrait quitter, pour cela, pauvre mère, qui alors mourrait de chagrin. Et Georges, do que penserait-il de moi, mon Dieu? Non, non, monsieur, ne se peut!

— Piazetta, je ne vous connais que depuis peu de jou eh bien! ils ont suffi pour faire naître en mon cœur un am violent. Piazetta, je vous aime, et sans vous, sans votre p session, la vie ne serait pour moi qu'un pénible fardeau.

— Ah! taisez-vous, monsieur, ou, plus généreux, cessez vous moquer de la pauvre fille, qui ne peut entendre ni ac ter foi à vos discours, dit Piazetta d'un ton sévère en se lev vivement pour s'éloigner.

Robert n'eut que le temps de la retenir par le pan de robe.

— Quoi, je vous fais l'aveu d'un amour brûlant et sincè plus encore, je dépose à vos pieds mon cœur, de ma vie entière, de fortune, et pour récompense de tant d'amour et d'abnégat vous me dédaignez, vous me préférez un indigne rival. zetta, aimez-moi, et, en retour, je consacrerai mon existen vous servir, à veiller sur votre bonheur. Cette mère que v chérissez, qui, quoique vieille, est astreinte à un travail inc sant, condamnée à une fatigue au-dessus de ses forces, sentez et elle vous suivra, je la ferai heureuse et riche; la verrez chaque jour, à toute heure, et son bonheur sera v ouvrage.

La jeune fille, que ce langage avait rendue toute tremble et timide, se disposait à y répondre avec fermeté et franch lorsqu'une voix qui l'appelait dans la montagne vint la f tressaillir.

— Georges! s'écrie-t-elle aussitôt avec joie, et, par un brusque mouvement, elle échappe à l'étreinte de Robert, quitte la grotte et se jette dans le sentier pour s'éloigner d'un pas rapide. Robert, déconcerté autant qu'humilié d'une pareille défaite, fit quelques pas pour se mettre à la poursuite de la jeune fugitive, que de loin et le dépit au cœur, il aperçut marchant à côté d'un grand garçon qu'elle avait rejoint dans la montagne et à peu de distance de la grotte.

— Mille dieux! dois-je me tenir pour battu? oh non! Cette fille doit m'appartenir, à moi sa possession, ses charmes, ses caresses, même en dépit de sa volonté.

Tout en disant ainsi et suivant du regard Piazetta, il la vit se retourner pour lui envoyer de la main un salut amical, auquel, dans son dépit, il dédaigna de répondre.

Après être resté quelques minutes cloué à la même place, Robert, ayant vu au loin disparaître Piazetta et son amant, se mit en marche tout honteux et pensif, roulant dans son cerveau mille projets divers que lui inspiraient le dépit et Piazetta dont l'image charmante, sans cesse présente à sa pensée, le rendait fou d'amour et de colère.

De retour à l'hôtel du baron de Roche-Courbe, Robert apprit que Gaston, rentré peu de temps avant lui, et se sentant indisposé, était allé se mettre au lit, après avoir chargé un valet de le prier de monter auprès de lui aussitôt qu'il serait rentré; invitation à laquelle le jeune homme s'empressa de se rendre, voulant, avant tout, se rassurer sur la santé de son ami. Robert, en entrant dans la chambre à coucher de Gaston, trouva ce dernier seul et en train de se dépouiller des vêtements qui le couvraient et ruisselaient l'eau en abondance.

— Bon Dieu! d'où sors-tu ainsi mouillé? demanda Robert en souriant.

— De faire forcément mon apprentissage de marin, état horrible pour lequel je ne me sens nulle vocation, désireux que je suis de mourir le plus tard possible dans un bon lit, d'être enterré ensuite en terre sainte et non de servir de pâture aux requins de la Méditerranée... Dis-moi, Robert, je dois être horriblement pâle et défait... Je crains fort, cher ami, d'en faire une maladie... Dieu, que j'ai donc froid... Maudit caprice! Démon de fille! Ainsi disait Gaston grelottant, tout en se fourrant dans son lit qu'un valet venait de lui bassiner.

— Mais tu ne me dis pas ce qui t'est arrivé, et pourquoi tu m'as fait venir ici, reprit Robert impatient.

Sur ce, Gaston, après avoir fait signe au valet qui était présent de se retirer, et seul avec son ami, reprit en ces termes:

— Robert, veux-tu me rendre un éminent service?

— Lequel? parle, je suis prêt.

— Eh bien, mon bon, c'est de consentir à ce que nous quittions cette maison et ce pays aujourd'hui même, dans l'intérêt de ma conservation, je dirai plus, de notre réputation et tranquillité.

— Comment, tu veux t'éloigner de celle que tu aimes? Quelle singularité!

— Robert, je ne l'aime plus, je ne dois plus l'aimer: ma vie et l'honneur me font une loi de ce sacrifice.

— En vérité, Gaston, je n'y comprends rien... Que s'est-il passé? qu'est-il arrivé? explique-toi.

— Ce qui est arrivé!... D'abord, ami, sache donc que nous sommes ici au milieu d'une bande de pirates, de contrebandiers, de sacripans plus féroces les uns que les autres, dont ce prétendu baron de Roche-Courbe n'est autre que le chef. Apprends encore, pour comble d'horreur, que cette petite Vénus, cette beauté céleste qui avait enflammé mon cœur d'un amour brûlant, est l'indigne complice de ces scélérats.

— Tu es fou, mon pauvre Gaston, interrompit Robert en riant aux éclats.

— Ah! je comprends ton incrédulité, car, ainsi que moi, tu n'as pas pu pénétrer la nuit dans leur noir souterrain, tu ne les as pas vu s'armer jusqu'aux dents de sabres, de poignards, de carabines; comme moi encore, tu n'as pas entendu leurs affreux complots, contre je ne sais quel malheureux vaisseau louvoyant près des côtes; cette Vénus, cette dangereuse sirène ne t'a pas entraîné sur une mer perfide, durant l'affreuse tempête qui a failli briser à la côte le navire qui nous portait; tu n'as pas senti la lame furieuse tonder de son écume amère; tu n'as pas assisté, devant l'effrayante bourrasque qui me ballotait, à la ruine d'un petit vaisseau marchand attaqué en mer par le farouche baron de Roche-Courbe; puis entendu, comme moi, siffler les balles à tes oreilles, vu le sang couler et mille autres horreurs qui, en irritant ma sensibilité, m'ont privé de tout sentiment.

— Quoi! tu as rêvé toutes ces choses, mon cher Gaston?

— Que dis-tu, rêvé? Tout cela, corbleu! n'est que trop réel, bien réel. Oui, Robert, je te le répète, nous sommes ici dans un nid de forbans que nous devons quitter au plus vite, à l'instant même si tu m'en crois.

— En vérité, tout ce que tu me racontes en ce moment a droit de me surprendre... Quoi! il se pourrait?... Mais non, impossible, et tu n'es qu'un visionnaire. Au surplus, sans chercher à approfondir tous ces étranges mystères, il est probable que je prendrai sous peu congé du baron et de sa nièce, pour retourner à Paris, où tu seras libre de me suivre à distance, si cela te convient.

— A distance! pourquoi cela, s'il te plaît?

— Parce que je ne partirai pas seul, mon intention étant d'admettre en tête-à-tête dans ma chaise de poste, une jeune fille qui désire que je lui fasse faire connaissance avec Paris et ses plaisirs.

— Je comprends, c'est une enlèvement que tu prémédites, scélérat! Sans doute une fille noble et belle dont tu as fait la rencontre et qui t'a donné dans l'œil?

— Un ange qui, à une beauté remarquable, joint l'esprit, l'innocence et la grâce naturelle.

— Heureux coquin! N'importe, et comme tu le dis, je te suivrai à distance jusqu'aux portes de Paris où je me tiendrai caché, tandis que tu solliciteras ma grâce auprès de Sa Majesté.

— Il est donc décidé que tu renonces à mademoiselle Vénus?

— A ce corsaire femelle! certes. Et pourtant, je l'aime encore, elle est si belle! Mais tu dois comprendre, mon cher, qu'une fille qui sait se battre, jurer et boire, un vrai diable à quatre de cette espèce, ne peut nullement sympathiser avec les tendres et douces émotions de mon cœur. Fi donc! une maîtresse amphibie, qui, par amour pour la plaine liquide, me noierait un jour ou l'autre, et cela dans l'intention de faire de moi un Jean-Bart, en dépit de mon peu de vocation pour le métier de marin.

— Crois-moi, Gaston, il y a en tout ce que tu viens de me raconter quelque malentendu, car M. de Roche-Courbe, que tu qualifies légèrement du titre honteux de forban, de chef de voleurs, jouit, dans tout Marseille, d'une réputation d'honnête homme que chacun cite pour sa bienfaisance, son humanité. Ensuite, est-il probable que des malfaiteurs, des pirates, puissent exercer en paix leur criminel métier dans un port aussi fréquenté que celui de Marseille, sans exciter l'attention? Impossible, te dis-je. J'interprète mal les actions du baron et de sa charmante nièce. Ce mystère doit t'alarmes ne peut cacher, selon moi, qu'un acte honorable et humanitaire.

— Je te répondrai, cher Robert, que pour faire le bien il n'est pas besoin de la nuit, ni de s'armer jusqu'aux dents, ni de souterrains mystérieux, toutes ces précautions ne sont utiles qu'aux malfaiteurs et non à ceux qui travaillent honnêtement... Au fait, je sais un moyen de te convaincre, si tu consens à venir visiter avec moi le souterrain mystérieux dont tu connais l'issue, et dans lequel nous trouverons entassé tout le butin volé par notre hôte, sur de paisibles navigateurs attaqués la nuit et à l'improviste.

— Alors, lève-toi et allons ensemble prendre connaissance de ces preuves palpables.

Oubliant sa fatigue, et se sentant à peu près réchauffé, Gaston sonne son valet, se fait habiller à la hâte, puis invite Robert à le suivre.

Ils quittent l'appartement pour le jardin où ils se dirigent du côté du belvédère qu'ils atteignent, après avoir fait plusieurs tours dans les allées, afin de s'assurer qu'ils n'étaient pas suivis.

— Tu vois cette énorme pierre, eh bien! elle cache l'entrée dudit souterrain. Tu vas la voir tourner à l'instant même et sans plus de malice que cela, disait Gaston tout en essayant de tirer à lui le rocher qui résistait à ses efforts.

— C'est singulier, cela ne vient pas... C'est pourtant bien celle-la... je ne me trompe pas... Maudite pierre!

— Allons, allons, ne te fatigue pas ainsi, mon cher Gaston, car cette pierre me paraît scellée à perpétuité sur ce rocher et c'est en vain que tu voudrais la détacher, dit Robert en souriant malicieusement.

— Ainsi disant, aurais-tu la prétention de me traiter de rêveur, de visionnaire? reprit Gaston avec dépit.

— J'en ai diablement envie, répliqua Robert.

— Robert, tu as raison, cette pierre ne cédera pas; à tantôt donc le plaisir de te convaincre, car c'est au dîner, en ta présence, que je prétends interroger le baron, Vénus et toute let... bande; enfin, forcer tous] ces gens de nous apprendre dans qu'... e société nous nous trouvons au m'oeu d'eux.

— Garde-toi d'une semblable indiscrétion, sous peine d'indisposer nos hôtes contre nous, en payant par l'insulte la bonne et franche hospitalité que nous en recevons.

— Malgré tes beaux scrupules, et devrions-nous être jetés à la porte de ce repaire de forbans, je parlerai, je parlerai !

— Mais vous ne vous en acquittez déjà pas mal en ce moment, monsieur de la Peyronie, dit Vénus apparaissant subitement aux deux jeunes gens qui, à sa vue, ne purent s'empêcher de rougir, et Gaston, le plus embarrassé des deux, de baisser sur la terre un regard timide.

La jeune fille est en ce moment revêtue d'un charmant costume d'amazone de drap gris orné d'une foule de broderies en soie, et qui, par sa coupe gracieuse, dessine sa taille fine et élégante; les boucles tombantes de sa belle et riche chevelure encadrent son charmant visage; sa tête, ornée de rubans artistement placés, est surmontée d'un petit chapeau de feutre coquettement incliné sur l'oreille et orné d'une plume d'autruche d'une blancheur éblouissante.

En la voyant si belle et si gracieuse, les deux amis éprouvent un trouble involontaire, et Robert, le premier, s'incline devant elle pour lui saisir doucement la main et la porter respectueusement à ses lèvres.

— Eh bien ! monsieur Gaston, n'avez-vous rien à dire à vos amis, qu'en ce moment vous restez aussi muet et immobile qu'un Terme?

— Pardon, mademoiselle, mais c'est que...

— Vous ne comptiez pas sur moi qui, très-impoliment, suis venue troubler un amical tête-à-tête et briser un sérieux entretien, autant que j'ai pu en juger de loin à votre animation.

— En effet, mademoiselle, ce bon Gaston, au moment de votre arrivée, était en train de me parler de votre admirable courage, de votre noble sang-froid au milieu du danger, enfin de me dépeindre la tempête que vous avez essuyée ce matin en mer... Oui, il me parlait même d'une espèce de combat soi-disant naval auquel je ne comprends absolument rien, termina Robert en appuyant fortement sur ces derniers mots, tout en fixant attentivement la jeune fille, dans l'espoir de saisir sur ses traits quelqu'émotion occasionnée par la surprise, l'embarras ou la crainte, et dans lesquels traits il ne put surprendre que le sourire malin et spirituel d'un ange.

— Ah ! M. Gaston vous racontait cela ? Vous parlait-il encore de mon intention en faire un brave et intrépide marin, en dépit de sa poltronnerie et de son aversion pour la mer ? Mais pardon, car vous ignorez peut-être mes droits sur M. de la Peyronie, et vous devez alors me trouver bien hardie en prétendant disposer de sa personne selon mes désirs et ma volonté... Sachez donc, monsieur Robert, que M. Gaston, en répétant à satiété qu'il est amoureux de moi et qu'il m'adore, a fini par me persuader de la sincérité de ses sentiments à mon égard... Est-ce la vérité, monsieur ? dit Vénus en s'adressant à Gaston qui, forcé de répondre à cette interpellation directe, fit entendre un oui bien timide.

— Alors, reprit la malicieuse jeune fille d'un ton enjoué, peut-on trouver mauvais que, fidèle à mon serment de n'appartenir jamais qu'à un brave marin, j'essaie de donner à celui qui veut devenir mon mari les instructions nécessaires au métier qu'il doit embrasser par amour pour moi ?

— En effet, mademoiselle, et si j'étais l'heureux mortel de votre choix, sous un aussi agréable patronage que le vôtre et par amour pour vos beaux yeux, je voudrais devenir grand amiral de France, répondit Robert du ton d'une exquise galanterie.

— Vous me permettrez cependant, mademoiselle, de vous prier d'observer que le point principal pour faire noblement son devoir et son chemin dans un métier quelconque, c'est d'en avoir la vocation, et malheureusement le ciel m'a refusé celle tant nécessaire pour faire un vaillant homme de mer, dit enfin Gaston.

— C'est fâcheux, j'en conviens, mais l'amour, dit-on, enfante des miracles, et je n'attends pas moins de celui que mes beaux yeux vous ont, dites-vous, inspiré.

— Mais permettez-moi de vous dire, mademoiselle...

— Rien, car une plus longue opposition à ma volonté me ferait croire que vous avez menti à mon cœur, et passer pour un homme déloyal qui aurait profité d'une confiante hospitalité pour me tromper et me séduire par de lâches et menteuses paroles, interrompit vivement Vénus d'un accent sévère, et auquel l'infortuné Gaston, mis au pied du mur, ne savait quoi répondre, lorsque Vénus, prenant pitié de son embarras,

ajouta aussitôt et d'un ton enjoué : — A propos, monsieur c la Peyronie, il nous est venu de Paris une excellente nouvel qui vous concerne et vous rendra joyeux, mais je ne veux vo en faire part qu'à la condition que vous remplacerez mon ch oncle qui est souffrant en ce moment, en daignant me serv de chevalier cavalcadour dans une petite excursion pour l quelle je suis forcée de me mettre en route à l'instant même.

— Une excursion en mer, sans doute ? demanda aussi Gaston d'un ton inquiet et presque craintif.

— Les gens désignés par moi pour m'accompagner m'attende en ce moment avec des chevaux tout sellés dans la cour cette maison. Voici ma réponse, j'attends la vôtre, mon ami.

Ce dernier titre sorti de la bouche gracieuse de Vénus, fait tressaillir Gaston d'amour et d'espérance; et comme il s'agit que d'une petite promenade en terre ferme, et rien o de monter à cheval, Gaston, oublieux du passé et séduit y l'enchanteresse qui, sur lui, fixe un regard irrésistible, en gnant encore d'effacer par un refus le délicieux sourire erre en cet instant sur les lèvres de Vénus, Gaston se rend l'invitation autant par amour que par crainte.

— Maintenant, monsieur Robert, veuillez ne pas m'en vo loir trop si je vous enlève un ami que je promets de vous r mener sain et sauf et le plus tôt possible.

Un quart d'heure suffit à Gaston pour revêtir un costume cavalier; aussi fut-il bientôt à cheval et en train de galo côte à côte avec sa gracieuse compagne, aussi adroite et int pide écuyère qu'elle savait diriger une barque sur les flots précieux.

V

UN RENARD QUI VEUT CROQUER UNE POULE

Depuis deux jours Gaston est absent. Où l'a donc emm l'espiègle jeune fille ? Nul ne le sait et ne peut en instr Robert, pas même le baron de Roche-Courbe, qui, lui au quoique souffrant, s'est absenté en même temps que sa ni Robert a donc mis à profit la solitude où chacun l'a laissé pou rendre à la montagne le lendemain du départ de Gaston e Vénus, et cela dans l'espoir d'y rencontrer Piazetta. Mais c en vain que le jeune homme a attendu la chevrière dan grotte, qu'il l'a longtemps cherchée dans la montagne, Piaz ne s'est pas fait entendre. Se serait-elle décidée à l'évite le fuir, ou plutôt son mariage, près de s'accomplir, la ret drait-il au village ? Se marier, elle, impossible ! Il faut qu' soit à lui, qu'elle lui appartienne, dût-il l'enlever si elle résistait plus longtemps.

Robert pensait ainsi en descendant la montagne et tou se dirigeant vers le hameau qu'habite Piazetta. Il veut la voir, lui parler, l'attendrir, s'il se peut, en sa faveur; enfir décider à renoncer à une union indigne de ses charmes, puis huit jours qu'il la connaît, la courtise s'efforce de f briller à ses yeux tous les avantages de la fortune qu'il m sa disposition, Piazetta, la simple fille de la montagne, ig rante du luxe et de ses douceurs, a sans cesse repoussé hommages et ses dons, préférant une honorable obscurit vice doré que lui offre un séducteur.

— Quoi ! une simple paysanne ose résister au brillant n quis de Chaverny ! celui qui a su dompter les cœurs les rebelles des grandes dames de la cour de France, échoue honteusement auprès d'une chevrière ? Allons donc ! se pitoyable, du dernier ridicule. Oh ! non, non ! il n'en sera ainsi, terminait Robert avec force et impatience comme il trait dans le hameau. Laquelle de ces misérables chaumi est la demeure de Piazetta ? se demandait le jeune homm promenant son regard sur les humbles habitations au mi desquelles il se trouvait.

Une vieille femme vient à passer ; le marquis l'arrête et forme.

— Ah ! ah ! je sais de qui vous voulez parler, de la p Piazetta, de la perle du village, la promise de Georges le geron. Suivez ce sentier, et la troisième maison à votre r gauche.

Robert, renseigné, remercie la bonne femme et prend le min indiqué.

— Ce doit être là, dit-il en s'arrêtant devant une coqu chaumière dont le jasmin et les clématites mariés enser tapissent les murs et une partie du chaume dont elle est verte.

Cette modeste demeure ne se compose que d'un rezchaussée, tirant l'air et le jour par une porte étroite et une seule fenêtre; cette dernière est ouverte et donne passage au bruit monotone d'un rouet.

Robert s'avance près de la fenêtre, afin de plonger un regard curieux dans l'intérieur. Un cri de surprise se fait entendre : c'est Piazetta qui, occupée de filer près de la fenêtre, vient de reconnaître Chaverny. Elle se lève et s'empresse d'accourir ouvrir la porte pour sourire au jeune homme et l'inviter à lui faire l'honneur d'entrer se reposer sous son toit.

Robert, qui s'est empressé de se rendre à l'invitation, est bientôt assis à côté de la jeune fille qu'il contemple avec amour et ivresse. Ah! c'est qu'elle était bien belle cette Piazetta avec ses dix-sept printemps à son front, avec ses petits pieds que les sentiers et les cailloux de la montagne n'avaient pas élargis, avec ses mains mignonnes dont les rustiques travaux n'avaient altéré ni la forme, ni la blancheur, avec ses yeux pleins d'azur et sa bouche pleine de mollesse harmonieuse et de timide volupté.

— Soyez le bienvenu ici, monsieur, même en l'absence de ma bonne mère partie ce matin pour la ville ; si vous avez faim ou soif, demandez, car nous avons à vous offrir du vin, d'excellent lait, si vous le préférez, et des fruits sur les arbres de notre jardin, fit la jeune fille d'un ton non moins empressé qu'obligeant.

— Merci, Piazetta, car je ne désire qu'une chose, l'explication de votre absence de la montagne où je vous ai vainement cherchée et attendue.

— Je n'y ai pas conduit mes chèvres aujourd'hui, monsieur, et demain j'y retournerai, mais pour la dernière fois.

— Pour la dernière fois ! dit Robert avec l'expression de la surprise.

— Oui, monsieur, car dans deux jours je me marie.

— O ciel ! pouvez-vous bien m'annoncer un pareil malheur ? vous marier ! m'en préférer un autre ! Hélas ! vous êtes donc sans pitié, Piazetta ? Avez-vous donc oublié que je vous aime, que je vous adore, que de vous perdre sans retour serait m'infliger une douleur cuisante, éternelle ? Piazetta, réfléchissez encore ; vous êtes trop belle, trop séduisante pour accepter une existence obscure lorsque d'un mot vous pouvez vous la créer brillante et heureuse ; Piazetta, encore une fois, je t'aime, je puis vivre sans toi, il me faut ton amour, tes caresses, ta précieuse possession !

En disant ainsi d'un accent passionné, Robert avait entouré son bras la taille de la jeune fille, que son regard dévorait.

— Cessez de me tourmenter ainsi, monsieur, je vous l'ai dit, j'estime un honnête artisan à qui j'ai engagé ma foi, que ma mère me donne pour mari, celle est la première raison du refus que j'adresse à vos offres généreuses ; la seconde est que sagesse me défend d'écouter l'homme qui me parle d'amour jamais de mariage.

— Le mariage, reprit Robert, oh ! oui, tu as raison, on ne saurait trop s'assurer à précieuse possession ni rendre à ta jeunesse, à tes charmes le respect et l'hommage qu'ils méritent. Piazetta, je suis noble et riche, je descends d'une des plus illustres familles de France; de plus, je suis libre de mes actions, de ma volonté. Eh bien! consens à quitter ce pays, viens avec moi à Paris, et là, après que ton amour et tes caresses m'auront convaincu que tu m'aimes sincèrement, je t'épouse, oui, je te ferai marquise de Chaverny.

— Tout cela est bien beau, bien séduisant, monsieur ; mais c'est trop tard, Georges a reçu ma promesse, et Piazetta n'y a jamais manqué.

— Ainsi, cruelle ! vous me ravissez toute espérance, sans pitié pour mon amour et ma douleur?

— C'est vous rendre service, monsieur le marquis, car le temps à peine la prétendue douleur à laquelle je ne puis ajouter foi ; mais il n'effacerait jamais la tache que vous feriez à votre blason en épousant, vous, puissant et noble seigneur, une pauvre et ignorante paysanne. Vous voyez donc qu'il vous faut me laisser en paix épouser mon pauvre forgeron, lequel, se trouvant fort honoré de mon alliance, n'en aura jamais ni honte ni regret.

— Vous la femme de ce forgeron, jamais.

— Qui donc a le droit de s'y opposer si cette union convient à ma bonne mère et à moi ?

— Moi ! fit fortement Robert.

— Monsieur le marquis, si j'étais votre vassale, c'est tout au plus si vous auriez le droit de vous opposer à ma volonté, et, Dieu merci ! il n'y a ni serf, ni esclave en France.

— Mes droits, Piazetta, me viennent de l'amour extrême que vous m'avez inspiré.

— S'il en est ainsi, tous les garçons du pays sont donc mes maîtres, puisque tous se prétendent amoureux de moi, expliquait Piazetta en souriant malicieusement, lorsque la porte de la chaumière s'ouvrit brusquement pour donner entrée à une femme de trente-cinq ans à peine, aux traits beaux, nobles et bien conservés.

— Ma mère, monsieur est le marquis de Chaverny dont je vous ai parlé, et qui, souvent, a la bonté de venir causer avec moi sur la montagne où je conduis mes chèvres.

— Soyez le bienvenu, monsieur, chez les pauvres gens que vous n'avez pas dédaigné de visiter, répondit la mère d'un doux accent, en rendant à Robert le salut qu'il venait de lui adresser tout en maudissant intérieurement son arrivée.

— Eh bien ! bonne mère, avez-vous enfin terminé les affaires qui vous ont amenée à la ville ? s'informa Piazetta après avoir embrassé la dame.

— Oui, mon enfant, toutes les formalités sont remplies, et dans trois jours tu seras madame Georges.

— Silence, bonne mère, ne parlez pas de ce mariage devant M. de Chaverny qui est loin de l'approuver, et prétend qu'une fille comme moi se mésallie en épousant un forgeron, fit Piazetta tout en fixant sur Robert un regard malicieux.

— Il fut un temps, monsieur, où, sans vanité, j'avais le droit d'espérer pour mon enfant non une plus honnête mais une plus brillante alliance ; mais les événements ont tout changé, si bien qu'aujourd'hui, ma fille et moi, nous nous trouvons fort honorées de ce qu'un bon, franc et courageux ouvrier que n'effraie pas notre misère, daigne devenir le mari de l'une et le fils de l'autre.

— Et moi, madame, à qui vous inspirez autant d'amitié que de respect, moi qui devine sans peine que le malheur vous a placée au-dessous de votre condition, je viens vous dire : Ne faites pas le malheur de votre fille en l'unissant à un homme qui ne pourra jamais comprendre tout ce qu'elle mérite de soins et d'égards. Piazetta est faite pour briller dans le monde par ses grâces et sa beauté, ne sacrifiez donc pas tant d'avantages en la condamnant pour toujours à une obscure et laborieuse existence, en la rendant l'esclave d'un manant.

— Que dites-vous, monsieur ? Sachez que Georges est un noble jeune homme dont le but est de rendre sa femme heureuse et honorée, interrompit la mère avec vivacité.

— D'après de telles paroles, il ne m'est plus permis de mettre en doute la bonne volonté de cet homme, mais il n'est qu'un simple ouvrier sans fortune dont tout le bon vouloir s'écroulera devant les maladies, les infirmités ou le manque de travail... Croyez-moi, madame, l'amitié que je vous porte n'est point un vain mot, et veuillez en acquérir la preuve en daignant accepter l'offre que je vous fais de conduire vous et votre fille à Paris, de réparer envers vous les torts de la fortune, ce qui vous permettra, madame, d'achever chez Piazetta ce que la nature a si bien commencé, c'est-à-dire en faire, par une bonne éducation, une personne accomplie et digne en tout d'occuper dans le monde un rang honorable.

— Merci, merci cent fois, monsieur, de vos offres généreuses ; mais les bienfaits d'un homme de votre rang et de votre âge, en faveur de ma fille... et de moi, pourraient paraître suspects et nuire à la réputation de Piazetta. Ensuite Georges aime sa promise d'une ardeur sincère ; lui retirer notre parole serait un manque de foi impardonnable et vouloir lui occasionner un douloureux chagrin. Encore une fois merci, monsieur, mais Piazetta sera la femme de ce jeune homme ; de plus, une fidèle, bonne et heureuse ménagère, sort préférable, selon moi, d'après ce que l'expérience m'a appris, à celui que lui destineraient le séjour de la ville, le luxe et les intrigues dangereuses et perfides du monde.

Robert, battu sur tous les points, n'osa plus insister, et son regard attristé se tourna vers Piazetta qui avait le sien fixé sur la terre. Il venait donc de s'établir un silence que ni l'un ni l'autre de nos trois personnages n'osait troubler en reprenant la parole le premier ; ce à quoi se décida enfin Robert qui, voyant qu'il n'y avait rien à attendre de la bonne volonté de la mère et de la fille, prit congé d'elles le moins gauchement possible.

— Monsieur, croyez-en, si les circonstances nous contraignent de refuser le bien que nous offre votre bienveillante amitié, Piazetta et moi ne vous en sommes pas moins reconnaissantes, et qu'il nous soit doux de savoir que nous n'avons point démérité dans votre estime, disait la mère de la jeune fille en reconduisant Robert qui les quittait.

— Loin de là, madame, car mon amitié vous est acquise pour la vie. Au revoir donc et à bientôt, je l'espère, termina le marquis pour ensuite s'éloigner, suivi du regard de la mère et de la fille qui ne rentrèrent dans leur chaumière qu'après l'avoir entièrement perdu de vue.

— Piazetta, voilà donc ce seigneur dont tu me parlais ?
— Oui, ma mère.
— Et que te disait-il lorsque vous étiez seuls ici ?
— Mon Dieu ! ce qu'il m'a dit sur la montagne ; qu'il m'aime et désire me faire riche et heureuse.
— Enfant, tu as assez d'expérience, n'est-ce pas, pour avoir de suite deviné le but de cet homme...
— Oh ! oui, ma mère.
— Qui t'offre la richesse en échange de l'honneur, qui veut t'arracher des bras de ta mère, et t'emmener loin d'elle pour faire de toi sa maîtresse.
— Je l'ai pensé, ma mère ; aussi suis-je restée sourde à tous ses beaux discours.
— Sois bénie, ma fille, tu as fait ton devoir, tu as été plus prudente que ne le fut jadis ta pauvre mère, car pour mieux te mettre en garde contre la séduction, cher ange ! je n'ai pas craint de m'humilier et de rougir à tes yeux en te dévoilant mes fautes ; en t'apprenant, ma Piazetta, que tu es le fruit de la séduction, l'enfant d'un riche et puissant seigneur qui trompa ta mère lorsque, comme toi, elle était jeune, innocente, et ne craignit pas de l'abandonner avant même qu'elle t'ait donné le jour. Piazetta, souviens-toi que cette faute me valut la malédiction de mon père qui me chassa de son toit et mourut sans m'avoir pardonné, sans avoir révoqué l'anathème qu'il avait prononcé sur sa pauvre fille. Souviens-toi que, victime de mon inexpérience, abandonnée, obligée de m'éloigner de mon pays pour échapper à la honte, aux sarcasmes insultants que chacun se croyait en droit d'adresser à la fille déshonorée et maudite, j'ai longtemps traîné une existence de douleur et de fatigue, à laquelle, enfin, il plut à Dieu de mettre un terme en plaçant sur mon passage un honnête ouvrier, tel que Georges, qui, touché de mes malheurs, et me prenant en pitié, daigna m'offrir d'être sa femme et le père de mon enfant qu'il promettait d'aimer comme s'il était le sien propre. Tu avais à peine un an, ma Piazetta, lorsque je devins l'épouse de l'excellent Gaspard, le meilleur pilote du port de Toulon ; mais hélas ! l'alliance et la considération d'un homme de bien, ma conduite irréprochable, mes devoirs de bonne épouse et de bonne mère, tout cela n'avait pu désarmer le courroux du ciel envers la fille maudite, à qui une affreuse tempête enleva son mari après sept ans d'une heureuse union. Enfant, dis-moi à présent s'il vaut mieux être l'honnête femme d'un ouvrier que la maîtresse honteuse d'un grand seigneur ?
— Ma mère, c'est après-demain que j'épouse Georges, et mon cœur attend impatiemment ce bienheureux moment.

A peine Piazetta terminait-elle ces derniers mots, qu'un grand et beau garçon fit apparaître sa tête souriante au-dessus des fleurs qui garnissaient la fenêtre.

— Merci, cent fois merci, bonne et belle Piazetta, car je suis arrivé assez à point pour entendre ce que vous venez de dire à cette bonne dame Gasparine, votre mère. Si vous êtes heureuse de devenir ma femme, je le suis encore davantage en sachant que je vais posséder un ange pour compagne de ma vie.
— Allons, allons, entrez, beau phraseur, et venez l'embrasser, cela vaudra mieux, je pense, que de lui jeter de belles paroles par la fenêtre.

Et sur cette invitation de dame Gasparine, ainsi qu'on appelait dans le village la mère de notre jeune chevrière, Georges ne fit qu'un bond de la rue aux pieds de Piazetta qui, en souriant, lui tendit sa joue fraîche et veloutée sur laquelle l'heureux garçon appliqua un gros baiser.

— Or, ma visite du quart d'heure, chère maman, ainsi que vous, ma belle promise, est pour vous annoncer que toute ma famille réunie vous attend ainsi que moi, chez mon père, afin d'y fêter tous ensemble notre prochain mariage et d'y boire à notre bonheur.

L'invitation ne pouvant qu'être acceptée, nos trois amis fermèrent leur porte et se mirent en route gaiement en se tenant bras dessus, bras dessous.

VI

UN SEIGNEUR QUI S'AMUSE

Après une soirée de plaisir et de bonheur, après avoir été fêtées, caressées par la famille de Georges, Piazetta et sa mère, toutes deux reconduites par leurs amis, étaient revenues leur chaumière, vers la dixième heure du soir, y chercher repos et la force nécessaires aux travaux du lendemain. Le jour venu, sur le grand matin, Piazetta, toujours gai chantante comme l'alouette à son réveil, se jeta en bas sa couchette, car il s'agissait de conduire ses chèvres montagne.

— Reste, enfant, ménage aujourd'hui tes jambes ; dem qui est le grand jour, tu en auras besoin pour la dans chaque garçon du pays se propose de te convier ; car cha d'eux voudra avoir l'honneur de danser avec madame la riée. Reste, te dis-je, ma Piazetta, c'est moi qui, à ta p conduirai ces gourmandes brouter sur la montagne, tandis tu feras les honneurs de la maison à tous les amis qui ne pas manquer de venir nous visiter aujourd'hui et, selon l'us de t'apporter leurs petits présents.

Ainsi parlait dame Gasparine à sa fille bien-aimée qu tenant nul compte de l'avis de sa mère, n'en continuait moins de s'habiller vivement.

— Il ferait beau voir que la bonne mère s'en fût aux cha travailler, tandis que la fille se dorloterait sur sa couch Non, dame Gasparine, il n'en sera pas ainsi ; vous allez re ici à faire la dame, et moi, je vais mener mon pauvre trou folâtrer quelques heures sur la montagne où vous dir Georges de venir me rejoindre. Au revoir donc, bonne m et à bientôt.

Puis, après avoir vivement embrassé sa mère et sans vouloir écouter de plus, Piazetta se disposait à aller ras bler ses chèvres, lorsque Georges, suivi de sa famille et d amis, se présenta devant la porte de la chaumière dont il l le passage à Piazetta.

C'est qu'il s'agissait de consacrer cette veille de jour de au plaisir et à la danse, puis de confier la future mariée à billeuse chargée de sa toilette de noce.

Piazetta, cédant aux sollicitations de ses amis, confia son petit troupeau à un jeune garçon du hameau, lequ chargea de le conduire dans la montagne.

Nous ne suivrons pas nos paysans dans leurs folles joi cette journée, et nous dirons tout de suite que le soleil se lendemain radieux et sous un ciel d'azur pour éclairer l reuse union qui allait s'accomplir.

A peine la septième heure du matin avait-elle sonné qu zetta, entourée de ses demoiselles d'honneur, était par bouquet et de la robe nuptiale.

Joyeuse et impatiente, notre jeune fille attendait le ainsi que le cortège d'amis qui devait les accompagr l'église, et déjà même l'oreille attentive de Piazetta éco avec joie les instruments dont le son, d'abord lointain, se prochait de plus en plus.

Une idée enfantine est aussitôt communiquée à Piazet ses compagnes, celle de se dérober quelques instants regards de Georges, à qui on fera accroire qu'elle est la montagne, où il ne manquera pas de vouloir al chercher.

Mais Piazetta qui craint d'affliger son amant, hésite cède qu'à regret au caprice des jeunes filles qui l'entra au jardin pour la contraindre de s'y cacher dans une t épaisse de figuiers, où elles la laissent seule pour reto à la chaumière recevoir le marié qui arrivait paré, sour heureux, accompagné de tous les invités et du violon en

— Où est ma femme bien-aimée ? s'informe vive Georges, après avoir d'abord embrassé la bonne Gaspa
— Dans la montagne, répondent en chœur les jeunes
— Dans la montagne ! Allons donc, petites espiègles, voulez me faire une niche, mais soyez gentilles, prenez pi moi. Hélas ! ne devinez-vous pas que je meurs d'envie d brasser ma bonne petite femme ?

Et tout en disant ainsi, Georges cherchait, furetait, son regard qui venait de rencontrer celui de Gasparine, de suite le signe qu'elle lui faisait.

C'est donc vers le jardin que s'élance Georges, où le su tous ses amis, le jardin que l'on parcourt, qu'on explore bout à l'autre sans y trouver Piazetta, Piazetta qu'on appe qui ne paraît ni ne répond.

— Cependant c'est dans le jardin, dans cette touf figuiers que nous l'avons laissée, disent les jeunes filles rait-elle allée se cacher dans un autre endroit ?

— Piazetta ! Piazetta ! Où es-tu, mon enfant ; viens, toi, car monsieur le curé nous attend à l'église, criait Gasparine.

Pas de réponse, et chacun de se regarder avec surpri

— Cherchons encore ! s'écrie-t-on.
Et tous de se répandre, les uns dans les dépendances de la chaumière, les autres aux alentours.
Une heure se passe, puis deux, en infructueuses recherches.
Dame Gasparine est au désespoir.
Georges, non moins affligé, s'arrache les cheveux, et chacun se perd en conjectures.
Adieu joie, adieu plaisirs, car l'inquiétude et la douleur sont entrées dans tous les cœurs.
Maintenant, laissons-les continuer leurs recherches, courir le village, la campagne, gravir même la montagne en appelant à grands cris ; et usant de notre privilège de conteur, disons tout de suite ce qu'est devenue Piazetta.
A peine ses jeunes compagnes, après l'avoir cachée dans le feuillage, s'étaient-elles éloignées pour aller recevoir le marié et les invités de la noce, que Piazetta, voulant à son tour faire niche à ses compagnes en courant se réunir à Georges, afin de se présenter avec lui à la chaumière, s'empresse de quitter sa cachette, de gagner le fond du jardin et de s'en échapper par une petite porte située dans la haie qui enclosait le terrain ; mais à peine dehors avait-elle fait quelques pas, que quatre hommes masqués, débouchant de derrière un rocher où ils s'étaient tenus cachés, se jetèrent sur elle pour lui fermer la bouche au moyen d'un mouchoir, afin d'étouffer ses cris, ensuite l'envelopper dans un ample manteau et l'enlever dans leurs bras vigoureux, pour l'emporter à travers la montagne, et, après avoir gagné une grande route, la déposer dans une voiture qui roula aussitôt, emportant avec rapidité la jeune fille évanouie et ceux qui, assis à ses côtés, étaient chargés de veiller sur elle.
Piazetta, chez qui un sommeil de plomb et surnaturel avait succédé à un long et douloureux évanouissement, en s'éveillant sur un lit, dans une riche alcôve, fut frappée de terreur et de surprise lorsqu'à la lueur d'une simple veilleuse, elle se vit couchée et dans les bras d'un homme.
La tête encore pesante et troublée, notre jeune fille essayait de se rappeler. Était-elle mariée ? était-ce Georges, son mari, qui, en ce moment couché à ses côtés, l'enlaçait de ses bras, la couvrait de baisers et souriait à sa surprise ? Piazetta passe sa main sur ses yeux afin d'en écarter le voile qui les obscurcit encore, puis regarde et pousse un cri d'épouvante et de honte en reconnaissant Robert de Chaverny dans l'homme avec lequel elle est couchée. Elle veut s'échapper, mais des bras la retiennent captive.
— Demeure, car tu m'appartiens, Piazetta ; à moi désormais ta possession, tes douces caresses, ta vie tout entière, dit Robert.
— Ma pauvre mère ! Georges ! se mit à murmurer Piazetta en laissant échapper de ses yeux un torrent de larmes.
— Ta mère, je la comblerai de mes bienfaits ; elle vivra heureuse auprès de toi. Quant à l'homme que, dans ta simplicité, tu allais prendre pour mari, à qui tu allais follement sacrifier tes divins attraits, prodiguer des caresses dont il n'aurait su apprécier tout le charme, oublie-le, Piazetta, et consens à déverser sur moi, ton heureux amant, toute la tendresse que tu ressentais pour lui... Piazetta, c'est à Paris où nous vous rendons, où je cours cacher en toi le trésor le plus précieux à mon cœur, à Paris où je veux que tu sois proclamée la reine de la beauté et la femme la plus heureuse comme la plus adorée.
— Ma mère ! je veux revoir ma mère et pleurer dans ses bras, interrompit Piazetta en mêlant à ces mots de douloureux gémissements.
— Oui, tu reverras ta bonne mère, à Paris, où je vais l'appeler. Console-toi, mon bel ange, sèche tes pleurs et ne vis plus que pour être heureuse.
— A l'instant même, je veux ma mère. Oh ! ne me refusez pas cette consolation, suppliait la jeune fille, placée sur son séant et les mains jointes.
— Hélas ! que ne puis-je satisfaire ton désir, chère Piazetta ! Mais apprends que déjà un espace de plus de trente lieues te sépare d'elle.
Rien ne saurait dépeindre tout l'excès du désespoir dans lequel cette nouvelle plongea Piazetta que Robert, effrayé, s'efforçait en vain de calmer.
— Ah ! laissez-moi, vous qui, non content de m'avoir ravi l'honneur en employant les plus lâches moyens, allez être encore le bourreau d'une mère qui ne pourra survivre à la perte de sa fille bien-aimée. Hélas ! malheur et honte encore sur moi qu'ils vont accuser d'être votre complice, accuser d'infamie et d'ingratitude ! reprit la désolée jeune fille.

— Piazetta, que t'importent le jugement, l'opinion d'un monde duquel tu t'éloignes pour toujours, d'une famille, d'amis, que je veux chasser de ta pensée, remplacer dans ton cœur en consacrant ma vie à t'aimer et à te plaire ? Quant à ta mère, bientôt désabusée et amenée près de toi, elle ne pourra que te bénir en te pressant dans ses bras, sur son cœur.
Piazetta, avant de répondre à ces paroles, demeura longtemps pensive et absorbée ; puis, rompant tout à coup le silence, elle reprit d'une voix ferme, en fixant son regard sur Robert :
— Oui, le mal étant irréparable, je dois me résigner, vous suivre, et accepter la honte d'être votre maîtresse, car retourner dans mon village, au milieu de mes amis, est chose désormais impossible, puisque personne ne croirait à mon innocence ; où chacun me montrerait au doigt, me chasserait de son toit... Marquis de Chaverny, je me résigne donc au sort que vous venez de m'imposer par la trahison et la honte. Oui, flétrie par vous, ravie par vous à la tendresse de l'homme qui m'acceptait pour sa femme, et indigne désormais d'appartenir à aucun autre que vous, mon ravisseur, je me résigne, vous dis-je, j'accepte le sort brillant que vous m'avez offert tant de fois, je m'attache à vous, et confiante dans vos serments d'une fidélité et d'un amour éternels, j'exige l'un et l'autre, comme étant mon droit et ma propriété. Si toutes ces belles promesses n'ont pas été de votre part mensonge et perfidie, afin de mieux séduire mon cœur, j'oublierai peut-être, et vous trouverez en moi une amie fidèle et aimante ; mais, s'il devait en être autrement, souvenez-vous que je suis Italienne, mon seigneur et maître, souvenez-vous que vous n'auriez pas impunément arraché de mon cœur tous les sentiments de femme honnête que Dieu y avait placés, pour faire de Piazetta le jouet d'un caprice et plus tard une maîtresse délaissée.
L'amoureux Robert, n'entrevoyant dans cette subite transition du désespoir à la résignation qu'un caprice de jeune fille désireuse de tirer de sa défaite le meilleur parti possible, se garda fort de prendre au sérieux l'espèce de menace qu'elle venait de lui faire entendre, et, tout entier au bonheur d'être maître enfin de tant de charmes, s'empressa de rassurer Piazetta en lui renouvelant ses serments d'amour, de fidélité, et de jouir de son heureux triomphe.
Le jour qui succéda à cette nuit de séduction, la chaise de poste qui emmenait Robert de Chaverny et Piazetta, en sortant de l'hôtellerie, ne prit pas la route de Paris, mais bien celle qui devait les conduire en Italie.

VII

UN AN APRÈS

C'était le matin et dans l'un des somptueux appartements d'un vaste hôtel qu'un jeune seigneur, enveloppé dans une riche robe de chambre et nonchalamment étendu sur de moelleux et soyeux coussins, parcourait avec indifférence plusieurs lettres et billets parfumés, qu'il prenait l'un après l'autre sur un petit guéridon placé à côté de lui, et sur lequel encore il jetait avec indifférence ces diverses missives, après en avoir à peine effleuré le contenu.
— Allons, toujours la même vie, des invitations à de petits soupers, des femmes séduisantes et faciles ; le jeu et souvent l'orgie.
Ainsi parlait le marquis Robert de Chaverny, que nous retrouvons à Paris dans son hôtel du faubourg Saint-Germain où il était de retour depuis six mois, après avoir précédemment passé le même laps de temps à parcourir l'Italie et la Sicile, accompagné de Piazetta. Notre marquis achevait donc de lire son courrier, lorsqu'un valet vint lui annoncer M. Gaston de la Peyronie, dont il ne s'était séparé de lui à Marseille, il y avait de cela un an, afin d'accompagner mademoiselle Vénus de Miremont dans certaine petite excursion ; Gaston, enfin, qu'il n'avait pas revu depuis ce temps, dont il n'avait reçu aucune nouvelle. Ce fut donc sous l'impression d'une joyeuse surprise que Robert donna aussitôt l'ordre d'introduire le visiteur, à la rencontre duquel lui-même s'empressa de courir, tant était grande son impatience.
— Toi, mon cher Gaston ? Vive Dieu ! sois le bienvenu, et hâte-toi de m'apprendre ce que tu es devenu, depuis une

longue année que nous sommes séparés, dit Robert après avoir embrassé Gaston, chez lequel s'était opéré une certaine métamorphose, Gaston au teint bruni portant moustache, l'uniforme d'officier de marine et le poignard à la ceinture.

— Ce que j'ai fait, cher ami, demandes-tu ? répliqua le jeune homme après s'être jeté sur un siège, j'ai parcouru les mers, visité les nations maritimes, fait la guerre aux pirates algériens, tunisiens, marocains, contre lesquels je me suis battu dans l'intérêt du roi de France et de l'humanité.

— En vérité, je n'en reviens pas. Ainsi te voilà marin, en dépit de ton aversion pour la plaine liquide.

— Mille sabords ! si je suis marin, certes ! et j'en rends grâce à la déesse Vénus, ma divine et adorable patronne. Maintenant, Robert, si tu veux en savoir davantage, hâte-toi de me donner la force et l'éloquence, en me faisant servir à déjeuner.

Robert s'empressa de sonner ses gens, et la table aussitôt dressée et servie, les deux amis y prirent place l'un et l'autre.

— A ta santé, Gaston ! et tout en buvant, raconte-moi tes aventures, apprends-moi par quel hasard s'est opérée en ta personne et en tes goûts cette étonnante transition.

— Tout cela, mon très-cher, est l'œuvre de l'amour, œuvre enfantée par une femme aussi entêtée qu'elle est belle, courageuse et bonne. Çà, te souviens-tu, Robert, de certaine petite excursion, dans laquelle notre jolie hôtesse Vénus de Miremont me pria d'un petit air tant doux, de vouloir bien lui servir d'écuyer cavalcadour ?

— Oui, dans le jardin du baron de Roche-Courbe ; c'est le dernier jour que nous nous vîmes, car ne te voyant pas revenir de cette promenade le premier ni le second jour, il me fallut, pressé de quitter Marseille, partir sans te dire adieu.

— Sans compter que tu aurais eu tort de m'y attendre. Çà, je te donne en cent pour deviner le but de ladite promenade et où m'entraînait la jolie perfide qui me la proposait.

— A quelque ville éloignée de Marseille, peut-être.

— En effet, quelque peu éloignée comme tu le dis, mille canonnades ! car ce fut dans la mer de Barbarie entre l'Espagne et les côtes d'Alger, qu'une frégate de sa majesté Louis XV, dont notre cher baron de Roche-Courbe avait en secret sollicité le commandement, qu'on m'emmena louvoyer afin de courir sur les vaisseaux pirates.

— Oh ! la bonne plaisanterie ! s'écria Robert en éclatant de rire.

— De par Sainte-Barbe ! je ne débutai pas par la trouver aussi plaisante que toi, cher ami ; juge de ma stupéfaction, lorsqu'après une assez longue promenade à cheval, durant laquelle je m'empressais de flatter ma cour à la perfide Vénus et ayant fait halte dans un hameau situé sur le bord de la mer, je me vis saisi, sur l'ordre de ma jolie compagne, par quatre vigoureux matelots qui, en dépit de mes réclamations, de mes objections et contorsions, m'enlevèrent dans leurs bras vigoureux pour me porter dans une barque qui prit aussitôt le large, après que Vénus fut venue s'y asseoir à mes côtés.

Une grande heure de navigation et nous abordons un gros navire, frégate de guerre, où à peine sommes-nous montés, que le commandant, autrement dire le baron de Roche-Courbe, nous déclare de bonne prise, sa nièce et moi ; où l'on s'empressa de me faire endosser le vêtement du marin et de m'astreindre à la discipline du bord.

— Mais ne t'empressas-tu pas de protester contre une semblable violence ? observa Robert.

— Oui, d'abord ; mais Vénus était là, presque toujours à mes côtés, me souriant du sourire des anges, m'encourageant par une caresse, par ce mot charmant : Pour l'amour de mes beaux yeux ! Et alors, pauvre amoureux doublement pris au trébuchet, j'acceptai ma nouvelle condition. Puis en voyant Vénus, cette jeune et frêle créature, si calme, si courageuse, bravant la mer et ses fureurs, j'eus honte de ma poltronnerie, et peu à peu je m'armai d'un courage qui allait peu tarder à être mis à une rude épreuve. A huit jours de là, par une nuit sombre où le bruissement des lames et du vent se faisait seul entendre, le commandant, l'œil fixé sur l'habitacle, s'écria tout à coup : Navire ! Tout le monde se leva à ce cri répété de l'avant à l'arrière, et tous les hommes de l'équipage sortirent spontanément de l'entrepont, le pistolet à la ceinture, le fusil ou la hache à la main.

— De quoi est-il donc question, et que va-t-il donc se passer, mon bel officier ? m'informai-je à Vénus, qui, revêtue de l'uniforme d'officier de marine, se trouvait à cet instant près de moi.

— Que mon cher oncle vient de flairer un corsaire, et que s'il a deviné juste, nous allons jouer de l'estoc. Je te l'avouerai, Robert, la pensée d'un combat naval me fit frissonner de la tête aux pieds ; mais là, près de moi, étaient deux grands et beaux yeux qui m'observaient, une bouche mignonne dont les commissures commençaient à se froncer d'un air narquois, et je m'efforçai de faire bonne contenance. Tous les regards en ce moment se portaient sur le navire qui, follement, ou plutôt aveuglé par l'obscurité, osait venir à nous. Un instant encore et ledit navire, qui était un fort brick armé de douze caronnades de 16, devinant enfin qui nous étions et jaloux de nous éviter, s'empressait de rebrousser chemin. Ce que voyant le baron de Roche-Courbe, il s'écria d'une voix de stentor :

« — Soyez parés à l'abordage et sus sur ce pirate ! »

Notre vaisseau, lancé à toutes voiles, filait comme un éclair, si bien, mille sabords ! qu'en moins d'un quart d'heure nous avions joint le brick du corsaire ; mais au moment où le bout de notre beaupré allait s'engager dans sa hanche, un cri terrible de : Feu partout ! se fait entendre dans un porte-voix et tout s'ébranle autour de nous. Après une affreuse détonation et au milieu d'un nuage de feu qui nous couvre tous, comme si notre navire avait disparu dans le cratère d'un volcan, fanfaronnade d'un ennemi impuissant auquel le feu de nos batteries répondit à l'instant même, et d'une si terrible manière que, se sentant couler bas, l'équipage du corsaire n'eut plus d'autre ressource que celle inspirée par le désespoir, c'est-à-dire de sauter à l'abordage pour se faire écraser sur notre pont, après s'être défendu avec toute la force et l'énergie que donne le désespoir.

— Et durant ce combat acharné, que faisaient monseigneur Gaston et la charmante Vénus ? interrogea curieusement Robert.

— Vénus, de par l'ordre de son oncle, avait été forcée, bien malgré elle, d'aller s'enfermer dans l'entre-pont ; quant à ton serviteur, soudainement saisi d'une ardeur belliqueuse et préférant tuer que de se faire tuer, il s'était mis de la partie, se battait à outrance, pourfendait le corsaire algérien enfin si bel et si bien, qu'après le combat ce fut à qui le féliciterait le mieux sur sa bravoure.

— Et Vénus ?

— A dater de cet instant, je fus pour elle le bien-aimé de son cœur, et ce doux bonheur opéra en moi une étonnante métamorphose, car, jaloux de complaire de plus en plus à cette fille charmante, je devins non-seulement un petit héros qui se distingua noblement dans toutes les occasions qui se présentèrent même assez fréquemment, mais encore un passionné de la mer, un marin de cœur et d'âme. Enfin que te dirais-je de plus ? ma vocation s'était révélée, je devais être et je devins marin.

— Ainsi, mademoiselle Vénus de Miremont a gagné son procès ? dit en riant Robert.

— Et moi, une maîtresse charmante dont je vais devenir l'heureux époux, aussitôt que le roi aura ratifié ma nomination au grade d'officier de marine que j'ai conquis sur le champ d'honneur, l'espace de huit grands mois que nous sommes restés en croisière et en combats contre les vaisseaux pirates desquels nous sommes sortis victorieux.

— Reçois mes félicitations, mon cher Gaston ; que l'on dise à présent que l'amour ne mène qu'à la folie. Exemple ! toi que, d'homme faible et craintif, l'amour d'une femme vient de faire un intrépide soldat et un marin déterminé.

— Ce n'est pas tout encore, cher, j'ai à t'apprendre une douloureuse nouvelle, la mort de cet excellent baron de Roche-Courbe, décédé peu de jours après notre retour à Marseille.

— Fâcheux ! car cet homme était bon et loyal.

— Ajoute encore un marin de plus grand mérite, honoré de la confiance et de l'amitié du roi dont il servait en secret les intérêts ; plus encore, protecteur du commerce français, qu'il protégeait de tout son pouvoir en faisant nuit et jour une guerre acharnée aux contrebandiers, sur des bricks frétés à ses frais. De là, ami, ces allées et venues mystérieuses qui m'intriguaient tant et me faisaient voir un chef de brigands dans le plus honnête, le plus humain des hommes... A ta santé, Robert, car ce vin de Xérès est parfait.

— A ta santé, mon brave officier, répliqua Robert en choquant son verre contre celui de Gaston pour ensuite s'informer du lieu qu'habitait Vénus depuis la mort de son oncle.

— Mademoiselle de Miremont a quitté dernièrement Marseille pour venir à Versailles saluer le roi qui la mandait à la cour, et habiter, à Paris, l'hôtel de madame la marquise de Presle, sa cousine.

— Et la maîtresse de monseigneur de Bourbon-Condé, ajouta Robert, pour reprendre : Çà, à quand ton mariage avec la belle Vénus?

— Ajourné à cinq mois, retard exigé par l'étiquette du deuil et le respect dû à la mort récente du baron de Roche-Courbe. Maintenant à ton tour de te confesser à moi, mauvais sujet.

— Ma foi, rien de nouveau, depuis un an dans mon existence qui vaille la peine d'être raconté, répliqua Robert avec insouciance.

— Quoi ! pas même tes amours avec certaine chevrière que tu as enlevée le jour même où elle allait se marier à un nommé Georges?

— Quoi ! le bruit de cette peccadille est venu jusqu'à toi ?

— Certes ! car la mère de ladite fillette, ainsi que son fiancé, ne se sont guère privés d'en faire, surtout en venant réclamer la fugitive fillette à l'hôtel de Roche-Courbe, et s'être fait accompagner de dame police, toute disposée à mettre le grapin sur ta personne si elle t'y avait rencontré. Voyons, confidence pour confidence, qu'as-tu fait de cette beauté champêtre?

— Parbleu ! ma maîtresse.

— Cela va sans dire; ensuite?

— Ensuite? toujours ma maîtresse, que j'ai promenée durant six mois dans toute l'Italie, d'abord afin de mieux dépister ceux qui auraient été tentés de me l'enlever à leur tour; puis, ensuite, comme je lui reconnais une voix admirable, je lui ai fait apprendre la musique et la langue italienne.

— Oui, afin d'en faire une prima dona. Après ?...

— Après ?... Je l'ai ramenée à Paris, où je lui ai monté sa maison.

— Où tu lui fais de fréquentes et longues visites?

— Tous les jours.

— Tu l'aimes toujours, à ce qu'il paraît?

— Oui, encore un peu, en dépit de son exigence.

— Et, pour te consacrer entièrement à cette passion, tu as renoncé au mariage?...

— Non pas, j'y songe plus que jamais, surtout en croyant avoir rencontré dans la fille du comte de Croie, la belle et riche Armandine, la femme qui convient à mon cœur comme à mon rang.

— Te marier ! et ta chevrière?...

— J'assurerai son sort, après lui avoir fait entendre raison.

— Sais-tu, Robert, que la mère de cette fille est morte de douleur après l'avoir perdue?...

— Pauvre femme ! aussi pourquoi diable ces gens de rien s'avisent-ils d'avoir de l'âme et de la délicatesse; si, plus sage, elle avait consenti à me donner sa fille pour maîtresse, aujourd'hui elle vivrait heureuse auprès d'elle.

— Sais-tu encore que l'amoureux, le futur désappointé, a fait le serment de te tuer à la première rencontre?

— Ah ! bah ! le drôle a ma foi de plaisantes prétentions.

— Sais-tu encore que, par cet enlèvement, tu t'es fait une ennemie de Vénus qui, sensible aux larmes d'une pauvre mère au désespoir, d'un amant malheureux, a fermé les yeux à l'une près l'avoir recueillie dans son hôtel, et s'est déclarée la protectrice de l'autre, dont elle prétend faire un homme comme il faut... Dame ! c'est qu'elle a la manie de prendre le parti des opprimés. Oh ! Vénus, vois-tu, ne fait rien comme les autres.

— Alors, j'aurais, à t'entendre, fort mauvaise grâce à me présenter devant elle.

— Je ne te le conseille pas, ni même de lui parler de la chevrière, qu'elle qualifie de fille ingrate et dénaturée.

— Eh bien ! mademoiselle de Miremont a tort, et je dois rendre justice à Piazetta, que j'ai ravie par la force à sa mère, son fiancé; Piazetta ne m'aimait pas, mais déshonorée par moi, elle a compris qu'elle était perdue pour sa mère et pour son amant, qui, tous deux refuseraient de croire à son innocence, et pourtant elle aurait fini par succomber au désir d'aller se jeter aux genoux de cette mère, si je n'avais eu la précaution de l'exiler six mois entiers loin de la France.

— Petite distraction qui lui a fait oublier la chère maman Lasparine.

— Tu te trompes encore, Gaston, Piazetta, qui croit sa mère vivante et heureuse par mes bienfaits (qu'elle a repoussés), ne cesse de lui écrire les lettres les plus tendres, où elle l'engage à oublier ce qu'elle appelle son malheur, et de venir à Paris vivre auprès d'elle. Epîtres larmoyantes dont pas une seule n'est arrivée à son adresse, mes gens ayant reçu l'ordre de les arrêter au passage et de me les remettre toutes.

Quelques instants encore d'une causerie amicale et les deux amis se séparèrent, Gaston pour se rendre à l'hôtel de la marquise de Preste, afin d'y visiter sa charmante Vénus; et Robert pour hâter sa toilette et se faire conduire à la chaussée des Minimes où était située la demeure de Piazetta.

VIII

LA SIGNORA PIAZETTA

Une maison de bon goût, mais petite, qu'on remarquait par la blancheur de sa façade coquette, à ses jalousies vertes, au large balcon qui, situé à son premier étage, régnait dans toute la longueur du bâtiment.

Une petite porte élevée de deux marches au-dessus du sol et de laquelle Robert, descendu de son riche équipage, soulève le heurtoir, au bruit duquel un valet s'empresse d'accourir.

— Où est madame? s'informe le jeune homme.

— Dans son boudoir, monseigneur.

Et Robert monte un escalier garni de moelleux tapis, traverse plusieurs chambres richement meublées, puis, après avoir frappé un léger coup sur la porte, pénètre dans un coquet et délicieux sanctuaire où Piazetta, assise sur un soyeux sopha, l'accueille et le salue par un sourire tout à la fois amical et mélancolique.

— Bonjour, Piazetta, fit le marquis en se jetant à côté de la jeune fille que nous retrouvons après une année de séparation entièrement développée et à l'apogée de toute sa beauté.

— Vous n'êtes pas venu me voir hier, Robert, c'est la première fois que vous laissez passer un jour sans visiter votre amie.

— Pardonne-moi, bonne Piazetta, mais hier j'ai eu la faiblesse de me laisser entraîner dans une débauche de garçons.

— Mêlée de femmes belles et faciles, sans doute?

— Non, sur l'honneur, mais de mauvais sujets et de francs buveurs.

— Je vous crois, Robert, excusez mes soupçons, mes craintes. Mais j'ai si peur qu'un jour vous oubliiez votre pauvre Piazetta.

— Pourquoi craindre mon inconstance, ma belle? dit Robert en se penchant sur la jeune fille pour l'entourer de ses bras, c'est moi plutôt qui devrais trembler quand je te vois si ravissante de beauté, quand j'admire tes yeux si beaux et si brillants qu'on les prendrait pour une double étoile des cieux, quand ton sourire m'enivre, quand ta douce voix me lie à toi par son charme, quand tout en toi est délice et prodige. Oh ! c'est alors que je dois craindre d'aimer seul.

Piazetta, rassurée par de si douces paroles, passa avec complaisance ses doigts dans les longs cheveux de Robert, fixa avec douceur ses beaux yeux sur les siens, et puis posa doucement ses lèvres sur son front.

— Maintenant, amie, parlons raison: Qu'as-tu fait hier en mon absence? demanda Robert après avoir rendu caresse pour caresse à sa belle maîtresse.

— J'ai étudié avec mes professeurs, ensuite je suis allée chez la nourrice embrasser notre joli enfant.

— Et le soir?...

— Je suis restée seule et j'ai prié en pensant à ma mère, ma mère qui me refuse son pardon, qui me croit sans doute coupable et reste muette, implacable à mes lettres, à mes supplications... Tenez, Robert, décidément je n'y tiens plus, je veux aller voir ma mère, recevoir sa bénédiction, lui dire que je ne fus pas coupable et que mon ravisseur repentant me fait espérer qu'un jour il me rendra l'honneur en me nommant sa femme, en reconnaissant l'enfant dont il m'a rendue mère... Car vous m'avez promis cela, Robert, lorsque, étendue sur un lit de douleur, le désespoir, la honte allaient me tuer... Répondez donc, Robert, n'est-ce pas que vous me l'avez promis et que rien que cette sainte promesse a suffi pour me rendre la santé et la vie?

— Oui, répondit le marquis assez embarrassé et en détournant les yeux. Mais, ai-je encore ajouté, reprit-il, que cette réparation, ce mariage ne pourraient s'accomplir qu'après la mort de ma tante, la duchesse de Vivonne, dont une pareille mésalliance m'attirerait le courroux en me privant de son riche héritage.

— Une mésalliance! quoi donc de si indigne en moi, monsieur, pour qu'il y ait péché de me prendre pour femme? Je suis jeune, jolie, me répétez-vous sans cesse, j'ai assez profité

des talents que vous m'avez fait donner pour ne passer ni pour une ignorante, ni pour une sotte. Docile à vos conseils, j'ai su prendre le ton et les allures d'une femme de qualité, au point qu'on aurait peine à reconnaître la chevrière Piazetta dans la signora Piazetti de Livourne, prima dona du Grand-Théâtre de Florence, noms et qualités dont il vous a plu de me gratifier lors de notre arrivée à Paris. Je ne vois donc pas ou seraient la honte et la mésalliance tant redoutées de madame votre tante...
Au surplus, j'y consens, attendons, car j'ai foi dans votre serment, Robert, foi dans votre parole de gentilhomme.
— Ne sortez-vous pas aujourd'hui, Piazetta? demanda le marquis, afin de donner un autre tour à la conversation.
— Oui, mon désir est d'aller faire un tour au Cours-la-Reine; voulez-vous m'y accompagner? votre présence me serait favorable pour écarter cette foule de jeunes cavaliers qui, sans cesse, tournent autour de ma voiture, afin de me débiter mille fadeurs importunes.
— Hélas! je le voudrais de tout mon cœur, car, vous le savez, Piazetta, je ne suis heureux qu'auprès de vous !...
— Quoi, encore un refus; en vérité, Robert, vous êtes bien peu jaloux de mon amour, que vous m'engagez sans cesse ainsi à courir le monde sans vous.
— Pardon, mille fois pardon, chère amie, mais il m'a fallu consentir à accompagner aujourd'hui ma tante à Versailles, dans une visite qu'elle fait à Mesdames de France, et connaissant son caractère irascible, pour tout au monde je ne voudrais lui manquer de parole.
— Allez donc, Robert, mais surtout n'allez pas oublier que je vous attends demain pour dîner avec moi, fit Piazetta en soupirant.
Quelques instants d'entretien encore et le marquis prit congé de sa jeune maîtresse, après lui avoir renouvelé ses serments d'amour et prodigué ses caresses.

IX

POUR UNE RICHE DOT

Après avoir quitté Piazetta, Robert se jeta pensif dans sa voiture, pour se faire conduire au faubourg Saint-Germain, où était situé l'hôtel du duc de Croie.
Dans l'un des riches salons de cette vaste et somptueuse demeure, une jeune et jolie fille était près d'une table et assise à côté d'un vieillard aux traits doux et vénérables, auquel elle faisait la lecture de poésies nouvelles.
Un valet vint interrompre la jeune lectrice pour annoncer monsieur le marquis Robert de Chaverny, nom magique dont la puissance fut de colorer le charmant visage de la jeune fille des couleurs de la rose.
— Qu'il soit le bienvenu, dit le vieillard.
Et Robert parut bientôt, le sourire sur les lèvres, pour saluer le père et la fille.
— Nous vous attendions, mon cher marquis, et j'ajouterais même avec impatience, ce que j'ai cru deviner chez Armandine, fort bonne lectrice d'habitude, mais dont la secrète préoccupation brouillait aujourd'hui la vue, au point de lui faire commettre cent bévues en lisant.
— Mon père! fit la jeune fille de l'expression du reproche et en rougissant plus encore.
— Corbleu! penses-tu que si les choses n'étaient point aussi avancées, si je ne voyais dans Chaverny ton mari, ou peu s'en faut, que je risquerais une semblable indiscrétion? dit en souriant M. de Croie.
— Laissez, laissez, mademoiselle, monsieur le duc votre père, confirmer mon bonheur, car heureux, heureux cent fois celui dont vous daignez garder le souvenir et désirer la présence, dit Robert du ton le plus aimable comme le plus galant.
— Causons affaires, marquis; je vous dirai que j'arrive de Versailles où m'attendait une audience de Sa Majesté qui a daigné me recevoir et me promettre l'insigne honneur de signer à votre contrat de mariage avec ma fille; alliance que le roi approuve fort et de laquelle il nous félicite. Rien ne nous arrêtant plus, il ne nous reste maintenant qu'à fixer le jour de votre union.
— Monsieur le duc, mon impatience est telle que, s'il était possible, je voudrais que cette journée ne se passât pas sans que je fusse le plus heureux des maris et des hommes.
— Tu l'entends, Armandine? Allons, à ton tour de parler. Quel jour indiques-tu, enfant?

— Celui qui vous conviendra, mon bon père, murmura Armandine.
— Eh bien! malgré tout mon désir de combler votre impatience et vos vœux, mes chers enfants, je pense que nous devons fixer à huit jours la cérémonie.
— Aussi loin que cela, monsieur le duc? s'écria Robert.
— Ce laps de temps m'est absolument nécessaire afin de tout disposer et surtout de mettre certaines affaires en ordre, après avoir compté avec mes intendants et mes régisseurs... Ainsi donc, dans huit jours sans remise; préparez-vous saintement à cet acte sérieux, mes enfants, afin que Dieu bénisse votre union.
Robert et Armandine s'inclinèrent devant cette décision, et la conversation prit un autre tour.
— A propos, reprit le duc, j'ai à vous apprendre, mon cher de Chaverny, que ce matin, j'ai rencontré à Versailles votre bon ami Gaston de la Peyronie qui sortait joyeux de chez le roi, lequel, dans une audience particulière, venait de le confirmer dans le beau et honorable grade d'officier sur l'une de ses frégates royales. Juste récompense, dit-on, de ses talents, de sa bravoure et des nombreux services qu'il vient de rendre à la marine commerciale, en secondant l'estimable et regrettable baron de Roche-Courbe, en donnant la chasse et coulant bas plusieurs corsaires algériens, et autres forbans qui infestaient la Méditerranée.
— Ainsi donc, j'ai tout espoir de voir sous peu s'accomplir le vœu le plus ardent de ce bon Gaston, qui n'attendait plus que la sanction de Sa Majesté au grade qu'il occupait déjà, pour devenir aussi l'heureux époux d'une femme charmante à laquelle, ainsi que j'ai déjà eu l'avantage de vous le raconter, il est redevable du glorieux état qu'il embrasse. Convenons, monsieur le duc, et vous, ma chère Armandine, que le véritable amour est une sainte et belle chose, puisqu'il opère en aussi peu de temps de pareilles métamorphoses, telles que de faire d'un poltron un intrépide marin et un savant officier.
— En effet! honneur à la femme capable d'inspirer d'aussi nobles sentiments, fit modestement Armandine.
— Et vous dites que cette demoiselle Vénus de Miremont joint à une beauté rare le cœur le plus excellent, toute la bravoure et la fermeté de notre sexe? demanda le duc.
— C'est tout à la fois le plus doux ange terrestre et le plus intrépide et spirituel démon qu'il soit possible de rencontrer au monde, répliqua Robert.
— On prétend, reprit le duc, que la fortune de cette jeune e rare personne est incalculable.
— Fortune royale, qui lui vient de ses ancêtres, fort à propos pour corroborer celle de ce cher Gaston, tant soit peu compromise par excès de générosité.
Maintenant laissons marcher cette conversation, laissons Robert faire sa cour à la fille du duc et quittons l'hôtel de Croie, le noble faubourg Saint-Germain, et transportons-nou au faubourg du Roule, dans l'hôtel de Presle, chez cette jeune et belle marquise qui avait su, par son adresse et son esprit captiver le cœur d'un premier ministre, celui du prince de Bourbon-Condé, et gouverner un moment la France en gouvernant son faible amant.
Une riche calèche, à laquelle étaient attelés quatre chevaux, à la suite d'une longue promenade, venait d'entrer dans la cour dudit hôtel, pour s'arrêter au pied du perron et déposer deux jeunes femmes rieuses et jolies qu'accompagnait un cavalier.
A peine ces trois personnes eurent-elles franchi les marches qui les séparaient des appartements, qu'un valet leur annonça un jeune homme ayant nom Georges, et arrivant de Marseille qui sollicitait l'honneur de les saluer.
— Georges! mon protégé qui se rend à mon invitation, ce qui est aimable de sa part. Conduisez-le à mon appartement où je vais m'empresser de me rendre, dit l'une des deux dames
— Quoi! charmante Vénus, au point où nous en sommes vous recevez chez vous des jeunes gens en tête-à-tête, dit e riant le cavalier.
— Gaston, vous m'aiderez à bien recevoir ce brave jeune homme, dont je désire d'abord recevoir seule les confidences pour ensuite vous charger de son sort; car, m'ayant écrit malheureux, il veut se faire soldat, m'a-t-il écrit, et c'est pour cel qu'il vient à Paris. Nous en ferons un marin, n'est-ce pas?
— Je ferai tout ce qui vous plaira; car, vous le savez, vo désirs, chère Vénus, sont des ordres pour moi.
— Mon Dieu! quelle charmante soumission; en vérité, n'est tel que l'amour pour engendrer l'hypocrisie, fit la mar quise de Presle gaiement.

— Vous entendez, Gaston, ce que dit notre belle cousine ? reprit Vénus.
— Oui, et je répondrai à cette épithète en redoublant d'efforts pour vous plaire toujours, répondit Gaston.
— Même après la noce ?... fit de nouveau la marquise.
— Encore et toujours, répliqua Gaston.
— Décidément, petite chérie, ce garçon-là n'est pas de notre siècle.
— Pardonnez, belle marquise, et même j'en avais toutes les faiblesses, pour ne pas dire plus, avant que l'ange que j'adore eût me convertir et me fixer à jamais.
— Cousine, continuez, de grâce, envers Gaston, l'examen de conscience que vous venez d'entreprendre, et cela dans l'intérêt de mon propre bonheur à venir, tandis que je vais recevoir ce bon Georges, notre pauvre amoureux, à qui le chagrin fait perdre la tête et qu'il me faut consoler de mon mieux.

Vénus laissa la marquise et Gaston en tête-à-tête dans l'immense salon où venaient de se dire toutes ces choses pour se rendre dans la partie de l'hôtel qu'elle habitait depuis son séjour à Paris. Elle trouva Georges qui l'attendait, pensif et accoudé sur le balcon d'une fenêtre qui donnait sur un superbe jardin.

En entendant les pas de la jeune fille et le frôlement soyeux de sa robe, Georges se retourna vivement pour venir à sa rencontre et pour la saluer respectueusement.
— Soyez le bienvenu, mon ami, et asseyez-vous près de moi, car j'ai à vous gronder et beaucoup à vous dire.
— Me gronder, mademoiselle ! fit le jeune ouvrier avec surprise.
— Oui, pour avoir tant tardé de vous rendre à Paris, lorsque vous y appelais.
— Pardonnez, mademoiselle, mais là-bas j'avais de l'ouvrage, et à Paris, dans cette grande ville où il ne connaît personne de son état, l'ouvrier forgeron court grand risque d'y faire connaissance avec dame misère.
— Georges, quel âge avez-vous ?
— Vingt-deux ans, mademoiselle.
— Et persistez-vous toujours, dans l'intention que vous me communiquiez dans votre dernière lettre, celle de vous faire soldat ?
— Oui, mademoiselle, toujours.
— Cependant vous possédez un bon et honorable métier.
— Vous avez raison, mademoiselle, oui, un bon métier, et pendant je veux être soldat, je veux voyager, changer de place, je veux, au milieu du bruit des armes et des batailles, essayer de m'étourdir, oublier enfin ce que depuis un an je m'efforce d'oublier, et dont le souvenir est pour mon cœur un douloureux tourment.
— Je vous comprends, Georges, et je vous plains, tout en blâmant votre faiblesse, de cet amour obstiné pour une fille qui s'est rendue indigne de l'amour d'un honnête homme tel que vous.
— Mon Dieu ! mademoiselle, qui nous assure que Piazetta coupable la première, que le marquis de Chaverny ne lui ait pas fait violence après lui avoir ravie ; quoi nous dit encore que la pauvre fille, se voyant déshonorée, perdue et n'osant revenir auprès de nous, ne s'est pas résignée à son sort, donné mort peut-être, puisque, malgré toutes les recherches que vous eûtes la bonté d'ordonner à Marseille comme à Paris, il a été impossible de la retrouver. Elle est morte ! vous dis-je, été ! car, s'il en était autrement, eût-elle pu commettre l'oubli coupable d'écrire à sa pauvre mère, afin de la rassurer sur son sort, lettre consolatrice qui eût calmé la douleur mortelle de la pauvre Gasparine et retenu l'âme prête à s'échapper de son sein.
— Georges, encore une fois, oubliez et acceptez le bien que veux vous faire en vous attachant à ma personne, en vous confiant mes intérêts et la gestion de tous mes biens.
— Merci, merci, mademoiselle, car c'est la vie heureuse et paisible que vous daignez m'offrir lorsque, contrairement à mes désirs bienfaisants, c'est le bruit, c'est une mort glorieuse qu'il me faut, ne pouvant vivre désormais avec mes regrets et mes cruels souvenirs.
— Georges, avant de prendre ce parti désespéré, avez-vous pris la certitude que Piazetta n'existe plus ? Si elle vivait encore cependant ! Si, victime d'une lâche violence et abandonnée de son séducteur, elle était en ce moment errante et pauvre ! si, dans son malheur, sa détresse, son isolement elle vous appelait à son secours, comme étant le seul être au monde capable de lui tendre une main secourable... Encore une fois, vivez, vivez pour elle, Georges, elle qui n'aura pu vous oublier, que vous reverrez, qui vous appelle peut-être en ce moment pour venger son honneur outragé... Georges, attendez, vous dis-je, car ce matin seulement j'ai appris que le marquis de Chaverny était rentré en France après un long voyage en Italie...
— Rentré ! fit Georges spontanément et avec fureur en quittant son siège. Au nom du ciel ! reprit-il, apprenez-moi où est cet homme, cet auteur de tous mes maux, l'assassin de Gasparine ! dites-le moi, mademoiselle, car cet homme a de terribles comptes à me rendre.
— Pensez-vous que ce soit par la violence que vous obtiendrez du marquis de Chaverny les aveux nécessaires pour vous guider auprès de Piazetta ? Non, Georges ; demeurez en paix près de moi, dans cet hôtel, et confiez à mon amitié le soin de retrouver Piazetta.

Georges se fit prier longtemps encore et céda. Il prit respectueusement la main de Vénus pour la porter à ses lèvres et y déposer un baiser que mouilla une larme échappée de sa paupière.

X

LES DEUX RIVAUX

Le lendemain de cette scène, l'ouvrier forgeron s'échappait de l'hôtel de Presle pour aller de par la ville, et au hasard, s'informer de la demeure du marquis de Chaverny, malgré la défense que lui en avait faite Vénus.

Ce ne fut pas sans beaucoup de peine, qu'après s'être adressé aux plus riches marchands d'étoffes, aux plus renommés carrossiers de la ville, notre jeune homme fut renseigné selon son désir.

Rue des Petits-Champs, non loin de celle des Capucines, lui avait-on dit, et Georges se mit à l'instant même en route pour ce quartier dont il s'était éloigné tout en cherchant l'adresse du marquis.

C'est dans un vaste et bel hôtel que se présente l'ouvrier ; mais comme il n'est encore que neuf heures du matin, le suisse lui répond que M. le marquis n'est pas visible et qu'il ait à revenir dans deux heures.

Georges n'insiste pas, et c'est à la porte de l'hôtel, assis sur un banc de pierre, qu'il se résigne à laisser écouler le laps de temps indiqué, qui lui sembla un siècle, tant était grande son impatience.

L'horloge d'un couvent voisin fit enfin résonner la onzième heure du matin, et Georges se précipita dans l'hôtel.
— Votre nom, monsieur ? lui demanda un grand laquais en le toisant avec dédain de la tête aux pieds.
— Bonnard, répondit le jeune homme.

Et le valet le laissa dans l'antichambre pour aller l'annoncer ; ensuite il vint le reprendre et l'introduisit, à travers de vastes appartements, jusqu'à un boudoir dont il souleva la portière en disant à Georges :
— Entrez.

Un doux parfum saturait l'air de cet élégant et délicieux réduit, depuis les arabesques du plafond jusqu'à la bergerie galante tissée aux Gobelins qui servait de tapis et assoupissait le bruit des pas.

L'or, la soie, les dentelles, les bois les plus précieux avaient été mis à contribution pour embellir ce coquet séjour, où Georges se présenta, fier et hardi, devant le marquis de Chaverny occupé à écrire, et qui, au bruit de ses pas, daigna tourner la tête.

Vous désirez me parler, monsieur ; qui êtes-vous ? que me voulez-vous ? demanda Robert tout en examinant le visiteur.
— Je me nomme Georges Bonnard, monsieur, et j'arrive tout exprès du village des Grottes, près de Marseille, pour vous voir et vous demander ce que vous avez fait de la pauvre fille, qu'il y a un an, vous avez enlevée à sa mère, à ses amis, à son pays.
— Ne vous sachant aucun droit à m'interroger, je pourrais me dispenser de vous répondre, monsieur, mais je me contenterai de vous dire que j'ignore de quelle personne vous voulez parler, répliqua froidement Robert, tout en dissimulant le trouble et la contrariété que lui occasionnait la visite inattendue de Georges qu'il avait reconnu.
— Allons donc, monsieur le marquis, ne faites donc pas l'ignorant. Toute feinte serait inutile ; dites-moi donc sans détour ce que vous avez fait de Piazetta, si après l'avoir souil-

lée de vos impures caresses, vous ne l'auriez pas jetée dans quelque précipice de l'Italie ou fait assassiner pour vous débarrasser d'elle, reprit Georges de l'expression d'une amère raillerie.

— Pour oser me tenir un pareil langage, ignorez-vous donc qui je suis? répliqua fièrement Robert en se levant vivement.

— Non, monsieur, je sais que vous êtes le puissant et riche marquis Robert de Chaverny, je sais que vous êtes d'un sang noble, que Dieu, selon le droit de votre caste, vous a fait supérieur à nous autres, pauvres roturiers plébéiens : titres et conditions, monsieur, qui exigeraient que vous nous donnassiez l'exemple de la justice et de la vertu, que vous fussiez le protecteur et le soutien de la famille et non son persécuteur...

— Je vous dispense de ces observations, monsieur, arrivez au fait ! que me demandez-vous ?

— Piazetta !... et ce que vous en avez fait après l'avoir lâchement enlevée au moment où elle allait devenir ma femme ?

— Monsieur Georges, cette fille m'aimait, elle m'a suivie volontairement afin de se soustraire à une union qui répugnait à son cœur comme à ses goûts. Je partis pour l'Italie où elle a désiré me suivre, et j'étais trop galant, trop fier de la préférence qu'elle daignait m'accorder, pour m'opposer à ce caprice. Pendant six mois que nous avons habité ce pays, Piazetta, passionnée pour la musique, s'est livrée à cet art et est devenue d'une belle force, car elle possédait une voix admirable que l'étude avait encore perfectionnée. Lorsque je voulus rentrer en France, elle refusa d'y revenir avec moi, désirant, disait-elle, se consacrer à l'art théâtral. Ne pouvant m'opposer à sa volonté, et contrarier sa vocation, ce fut alors que nous nous séparâmes, sans doute pour ne nous revoir jamais.

— Ainsi, vous prétendez audacieusement que cette jeune fille, aussi pure que modeste et timide, a renoncé à l'amour d'une mère qu'elle adorait, à l'homme à qui elle se donnait pour femme, à l'estime du monde, à son village où elle était respectée et chérie, tout cela de libre volonté, pour suivre un seigneur libertin ? Eh bien ! moi ! marquis de Chaverny, je dis que vous mentez ! que vous êtes un lâche qui, n'ayant pu séduire une innocente et sage créature, avez osé la ravir de force et s'enfuir avec elle comme un loup dévorant...

— Misérable ! s'écria Robert à bout de patience en levant la main sur Georges, qui fit un pas en arrière en s'écriant :

— Marquis de Chaverny, que votre main ose me toucher et je vous tue ? Est-ce donc ainsi qu'un noble sait se venger d'une injure ? marquis de Chaverny, tout roturier que le hasard m'a fait, je sais manier une arme et vous jette mon défi à la face !

En prononçant ces derniers mots, Georges lança son gant au visage de Robert qui, furieux et hors de lui, se précipita sur une canne pour aussitôt la lever sur Georges, lequel, tout en parant le coup, saisit le bâton qu'il arracha de la main du marquis pour le briser et en jeter les morceaux au loin, et ensuite saisir Robert de sa main robuste, le terrasser et le mettre sous ses pieds.

— Marquis de Chaverny, je pourrais te tuer à l'instant même, me venger de tout le mal que tu m'as fait, mais cette vengeance, c'est à armes égales, face à face sur le terrain que je l'exige. Si, me méprisant trop pour consentir à te mesurer de la sorte avec moi, tu oses me refuser cette satisfaction, malheur à toi ! alors, malheur à toi !

Cela dit, Georges voyant Robert presque évanoui, tant la commotion qu'il venait d'essuyer avait été violente, Georges donc, n'attendit pas de réponse et s'éloigna en jetant ces mots au marquis :

— A bientôt ! à bientôt !

XI

CAUSERIES

— Oui, Georges, le marquis de Chaverny vous a trompé. Piazetta ne peut s'être volontairement séparée de son séducteur qui, sans doute, s'il n'a eu l'infamie de l'abandonner, la cache à tous les yeux dans quelque réduit secret. A tout prix, il nous faut connaître le sort de cette infortunée, la retrouver et l'arracher à la honte. Je vous le répète, Georges, vous avez commis une imprudence en vous présentant chez Robert, en provoquant un homme de son rang qui, s'il le veut, peut vous faire payer cruellement l'affront que vous lui avez fait,

Ainsi parlait Vénus à Georges qui, le lendemain de la vi de ce dernier à Robert, était venu lui tout raconter.

— Ainsi, mademoiselle, à votre avis, il me fallait lais impunie l'offense cruelle que m'a faite ce seigneur ? Il ne devait aucun compte des chagrins qu'il m'a causés, ni larmes qu'il m'a fait répandre, en me privant de tout ce m'était le plus précieux au monde, et cela pour satisfaire caprice qui, chez lui, n'aura duré qu'un jour peut-être, et qu paie du bonheur de toute ma vie ?

— Non, Georges, loin de moi la pensée d'exiger de v une lâcheté, car moi-même je veux, je prétends vous secon dans votre vengeance, m'unir à vous pour châtier un lâ ravisseur. Mais ce qui nous importe, avant tout, c'est de c naître la vérité; si véritablement Piazetta ne fut pas sa c plice, si l'infortunée a réellement été la victime involont d'un rapt audacieux ; enfin, de connaître sa conduite en elle et ce qu'il a fait de cette jeune fille. Malheureusen votre imprudent empressement, votre soif de vengeance vous faisant oublier ma recommandation de ne point cherc à voir le marquis de Chaverny, ont dérangé tous mes plan donné l'éveil au coupable qui, se tenant désormais sur gardes, restera muet, sans doute, aux questions de l'ami lequel je comptais pour provoquer adroitement les aveux nous sont nécessaires.

Ainsi parlait Vénus lorsque la porte de l'appartement lequel avait lieu cet entretien, s'ouvrit pour donner entr Gaston de la Péronye, leste et souriant, s'empressa d trer pour venir saluer Vénus et lui baiser respectueuseme main.

Georges, autant par respect que par timidité allait se rer, lorsque la gracieuse fille l'engagea à demeurer, puis dressant à Gaston :

— Soyez le bienvenu, mon ami, lui dit-elle, car j'ai b coup à causer avec vous.

— De ce fortuné et trop tardif hymen, sans doute, j'appelle l'heureux instant de tous mes vœux et de toute âme ?

— Non, mon ami, pas positivement, mais bien pour n former auprès de vous de ce qu'est devenu le marquis Rc de Chaverny.

— Je pensais, mademoiselle, vous avoir déjà dit, que Robert, de retour de ses voyages, est en ce moment à Par

— En effet ! je me souviens... Gaston, l'avez-vous revu puis votre arrivée ?

— Une seule fois.

— Fort bien ! De quoi avez-vous causé ?

— De vous, d'abord, mademoiselle, dont il s'est inf avec empressement, intérêt et reconnaissance, ensuite nous et de nos souvenirs.

— Et puis ?...

— Dame, que vous dirai-je ? de mille riens, concerna cour et la ville.

— Quoi, le marquis ne vous aurait pas entretenu des s de quelque prouesse amoureuse et séductrice, par exemple, que ses aventures avec cette petite chevrière enleva, il y a un an ?

— Non, mademoiselle, et franchement le sujet était de mince importance pour que l'on s'en occupât, répondit G avec légèreté, mais tout en détournant son regard de que Vénus fixait attentivement sur lui, regard qu'elle re sur Georges que la réponse du jeune seigneur venait de pâlir de colère et d'indignation.

— En vérité, monsieur, reprit la jeune fille d'un sévère, il faut que vous teniez bien peu à mon estime oser, en ma présence, étaler un pareil cynisme. Quoi, classez parmi les faits ordinaires et de peu d'importan rapt d'une sage et innocente fille ravie à sa mère, à ses le jour même qu'elle devait s'unir à l'homme de son choix monsieur, fi !... Tenez, Gaston, vous ne valez guère n que votre ami Robert.

— Pardon, mademoiselle, mais, peut-être, n'avez-point saisi le véritable sens de mes paroles ? lesquelles s fiaient qu'il est permis à deux amis qui se revoient po première fois, après une année de séparation, d'être t eux et d'oublier les autres, répliqua Gaston avec assur

— Et moi, monsieur, je soutiens que lors de votre ent avec monsieur de Chaverny, il a été question de Piazet malheur de laquelle vous sembliez prendre jadis un ir hypocrite en me voyant plaindre cette pauvre fille et b sévèrement la conduite de son ravisseur. Je soutien votre ami Robert vous a instruit du sort de Piazett

lieu où il l'a dérobée à tous les regards, s'il ne l'a jamais abandonnée.
— Vous exigez absolument la vérité ?
— Je l'exige ! fit Vénus.
— Eh bien ! sachez que Robert, toujours sous l'empire du caprice que lui a inspiré cette petite fillette, après l'avoir promenée dans toute l'Italie, l'espace de six grands mois, l'a ramenée à Paris où il s'est empressé de lui donner des professeurs de toutes sortes, afin d'en faire une maîtresse à peu près présentable ; enfin quelque chose qu'il puisse avouer.
— Monsieur de Chaverny vous a-t-il dit qu'il aimait encore cette jeune fille ? enfin, vous a-t-il parlé d'elle avec intérêt ?
— Mais, quelque chose de ce genre, et tout en me vantant la beauté de la jeune fille, à laquelle le temps n'a fait qu'ajouter de nouveaux charmes.
— Et, le marquis prétend-il être aimé de Piazetta ? interrogea Vénus.
— Ce pourrait-il qu'il en fût autrement ? répliqua Gaston avec assurance.
— Peut-être ! fit Georges avec dépit.
— Ah ! ah ! vous pensez, mon cher ? dit Gaston en grimaçant un sourire sardonique et fixant sur Georges un regard surpris et dédaigneux ; ce dont s'apercevant Vénus, elle s'empressa de reprendre, en indiquant le jeune ouvrier :
— Monsieur le vicomte, lors de votre arrivée ici, j'ai commis une faute aussi impolie qu'elle est impardonnable, en ne vous présentant pas tout de suite, en monsieur Georges Bonnard, un ami que j'estime fort et pour lequel je réclamerai de votre part un peu de bienveillance.
A ces mots, Gaston s'empressa d'adresser à Georges un salut aussi gracieux qu'amical.
— Maintenant, reprit la jeune fille, il ne s'agit plus que de me faire connaître la demeure de Piazetta, ce que j'attends, cher vicomte, de votre franchise et de votre empressement à me complaire.
— En vérité, ma belle demoiselle, vous exigez l'impossible, vu que ce cher Robert, soit par prudence ou jalousie, que sais-je ? m'a fait un mystère du lieu où il dérobe sa divinité aux regards des mortels.
— Cependant, je tiens fort à savoir la demeure de ladite divinité, et c'est vous, Gaston, que je charge du soin de me la faire connaître.
— Certes, mon désir est de vous être agréable et de vous obéir en tous points, mais à l'impossible nul n'est tenu, répliqua Gaston en souriant.
— Mon Dieu, vous me connaissez assez, Gaston, et par expérience encore, pour savoir que le mot impossible est rayé de mon dictionnaire, et que, ce que je veux, je le veux ; or, mon ami, je vous donne trois jours pour vous informer du lieu qu'habite Piazetta, pour savoir à quel point en sont les relations de Robert avec elle ; si la jeune fille fut, oui ou non, sa complice lors de son enlèvement ; enfin, si elle aime véritablement Robert, et en est aimée de même ; trois jours, entendez-vous, pour venir m'instruire de tout cela.
— Quoi, vous exigez...
— J'exige ! reprit Vénus avec fermeté.
— Allons ! on fera en sorte, mademoiselle, de vous satisfaire, fit Gaston humblement.
Ce long entretien fut interrompu par l'arrivée de la marquise de Presle, qui venait instruire Vénus que le roi donnait le lendemain à Versailles un grand bal auquel toutes deux étaient galamment conviées de la part même du souverain.
Georges, en voyant entrer la belle marquise de Presle, avait demandé à Vénus la permission de se retirer, afin d'aller par la ville chercher dans le bruit et l'agitation, sinon l'oubli, du moins un peu de soulagement aux tristes et douloureuses pensées qui le torturaient.

XII

INCIDENTS DIVERS

Libre enfin de soupirer sans témoin, de donner quelques larmes au souvenir de Piazetta, Georges, étranger aux détours de la ville, parcourait cette dernière au hasard, longeant, pensif et le regard baissé, les rues qui s'offraient à lui, traversant les places, les promenades sans rien voir, sans s'occuper de ce qui s'y passait.

Il se trouva que le hasard avait conduit les pas de notre jeune homme vers la place Royale, en ce temps-là le rendez-vous de la bonne société parisienne qui, en ce moment, encombrait les avenues.

Georges, accablé de lassitude, se laissa choir sur un banc, et là son regard se leva curieux et inquiet, pour contempler tous les fringants et joyeux cavaliers qui, sans cesse, passaient et repassaient devant lui, tenant sous leurs bras de belles et élégantes femmes au sourire charmant.

— Hélas ! peut-être est-elle parmi ce monde... Si j'étais assez heureux pour la retrouver, la reconnaître, pour la voir encore une fois, une seule avant de mourir !

Ainsi pensait Georges en contemplant chaque jeune fille, en cherchant dans leurs traits à reconnaître ceux de sa bien-aimée.

Il y avait près d'une heure que notre forgeron se livrait à cette occupation que la nuit vint interrompre en se glissant peu à peu sous l'épais feuillage des arbres qui bordaient la promenade, lorsqu'une dame voilée, accompagnée de sa servante, vint s'asseoir silencieusement sur le même banc où reposait Georges, et presque côte à côte avec lui.

Quelques minutes encore et la lune, en perçant le feuillage, vint de ses rayons éclairer le visage du jeune homme qui, retombé dans ses rêveries, tenait en ce moment son front tristement appuyé dans sa main.

— Monsieur, fit alors une voix de femme qui engagea Georges à lever les yeux pour s'apercevoir seulement que ses deux voisines avaient quitté le banc, que la maîtresse était disparue et que la voix qui l'interpellait n'était autre que celle de la servante.

— Monsieur, reprit cette dernière en voyant Georges fixer sur elle un regard attentif, vous plairait-il de me suivre près d'ici ? ma maîtresse désire vous entretenir un instant chez elle.

— Votre maîtresse... qui est-elle ? que me veut-elle ? je ne la connais pas, répliqua brusquement Georges, croyant avoir affaire à quelque pourvoyeuse d'amour.

— Faites excuse, monsieur Georges Bonnard, car tout à l'heure, sur le banc où nous étions assis tous les trois, ma maîtresse a reconnu en vous un de ses anciens amis. Venez donc sans crainte ni retard, monsieur, sous peine d'affliger la meilleure des femmes.

— Je viens de vous entendre, avec surprise, prononcer mon nom, mademoiselle ; mais, à mon tour, ne pourrais-je savoir celui de votre maîtresse ?

— Il m'est défendu de vous le dire, monsieur, mais ce que je puis vous assurer c'est que ma maîtresse est une honnête personne, et si vous désirez en savoir davantage, venez, notre demeure est à deux pas d'ici, près du couvent des Minimes, et ma maîtresse, qui vient de s'y rendre, vous attend avec impatience.

— Soit ! conduisez-moi donc, mademoiselle, répliqua Georges, curieux et surtout fort intrigué, pour ensuite suivre la servante ou, pour mieux dire, la soubrette coquette qui se mit à marcher devant lui.

Ils ont quitté la place Royale pour entrer dans la chaussée des Minimes, où ils s'arrêtèrent devant la porte d'une maison où déjà nous avons pénétré, celle de Piazetta, où la servante introduit Georges, lui fait gravir un étage pour le conduire à travers un délicieux et coquet appartement jusqu'à la chambre où Piazetta, pâle et tremblante, l'attendait debout accoudée sur le dossier d'un fauteuil.

Georges a tout de suite reconnu la jeune fille, et, frappé tout à la fois de surprise, de douleur et de joie, il sent ses jambes fléchir et son cœur battre avec force.

— Vous ! vous enfin que je retrouve, Piazetta. Ah ! que Dieu soit loué ! s'écriait le jeune homme sans avoir la force d'avancer, mais en tendant à Piazetta des bras dans lesquels elle vint se précipiter, pour appuyer sur son sein un visage baigné de larmes.

— Oui, Georges, c'est moi qui, ce soir, vous ayant reconnu sur la place Royale et n'osant vous aborder en public, vous ai fait prier de vous rendre dans ma demeure. Oui, Georges, c'est bien Piazetta que vous retrouvez aujourd'hui, mais non la jeune fille vierge et pure qui, il y a un an... Ah ! ne m'accablez pas de votre mépris, mon ami, car je fus alors plus malheureuse que coupable, ajouta vivement Piazetta, voulant prévenir le reproche qu'elle redoutait d'entendre sortir des lèvres de Georges.

— Un mot, un seul afin de fixer mon incertitude, Piazetta :

Fûtes-vous la complice du marquis Robert de Chaverny ? s'empressa d'interroger Georges.

— Non, mon ami, mais la malheureuse et innocente fille qu'il enleva de force à sa mère, à son fiancé, pour l'entraîner sur une terre étrangère où il lui ravit l'honneur.

— Le misérable ! ah ! malheur à lui qui m'a enlevé le bonheur et condamné à un regret et une douleur éternels ! s'écria Georges de l'accent de la haine et du désespoir.

— Georges, grâce pour lui, à qui j'ai pardonné, lui qui m'a fait le serment de réparer ma honte en devenant mon mari, grâce pour lui qui est sur la terre le seul être qui peut me rendre l'honneur, me réhabiliter aux yeux du monde comme aux miens.

— Piazetta, aimez-vous le marquis de Chaverny ?

— Non ; et pourtant mon vœu le plus cher, celui que me commande l'honneur, est de devenir sa femme.

— Piazetta, pourquoi vouloir vous condamner à une douleur éternelle en devenant l'épouse d'un homme que vous ne pouvez aimer ni estimer ? Piazetta ! je crois à ton innocence, je t'aime encore ; oublions un funeste passé, fuyons ensemble et deviens ma femme chérie.

— Non, non, fit la jeune fille en remuant la tête douloureusement, le noble Georges ne pourrait, sans honte, accepter pour sa compagne la maîtresse du marquis de Chaverny. Georges, le bonheur de vous appartenir ne m'est plus permis ; je vous le répète, il faut que je sois la femme de Robert, afin de pouvoir un jour me présenter sans la honte au front devant une mère irritée.

— Votre mère ! fit Georges en fixant sur Piazetta un regard où se peignait une douloureuse surprise.

— Oui, Georges, ma bonne mère qui doit m'avoir maudite et reste sourde, inexorable devant mes prières, qui, jamais, en réponse aux nombreuses lettres que je lui ai adressées, n'a daigné m'envoyer un mot tendre et consolant ; ma mère qui me croit coupable et n'aime plus son enfant... Georges, parlez-moi d'elle, dites-moi que je puis espérer son pardon et je vous bénirai, car vous m'aurez rendue bien heureuse... Eh bien ! vous ne dites rien, vous baissez les yeux... Georges, vous m'effrayez ! ma mère serait-elle malade ?... morte peut-être de douleur après avoir perdu la fille qu'elle croyait coupable et indigne d'elle !

— Piazetta... votre mère demandait chaque jour à Dieu de lui rendre la fille qu'elle bénissait, celui qui pleurait la perte tout en maudissant son audacieux ravisseur, cette fille innocente et sage qu'elle ne devait plus revoir.

— Qu'elle ne devait plus revoir, ô ciel ! Georges, ma mère est donc morte ? s'écria la jeune fille pâle et tremblante, tout en saisissant le bras du jeune homme.

— Morte de chagrin, répliqua tristement Georges.

A ces mots un torrent de larmes s'échappa des yeux de Piazetta et de douloureux soupirs s'exhalèrent de son sein.

Demeuré muet et silencieux devant cette douleur profonde, dont nul obstacle n'aurait pu arrêter le cours, Georges risqua enfin quelques douces et consolantes paroles dont l'effet fut de ramener la pensée de Piazetta qui, tournant sur lui un regard humide, lui saisit la main pour la serrer affectueusement et faire entendre ces mots :

— Ami, ma mère n'a pu survivre à ma honte, mon déshonneur l'a tuée ; qui dois-je accuser de ce malheur ? l'homme audacieux qui m'a ravi à sa tendresse, celui que je devrais punir de ce crime, et que la fatalité me contraint d'accepter pour mari, celui que je devrais haïr, mépriser, et à qui, lors de cette union que m'impose l'honneur, il me faudra jurer amour, obéissance et fidélité. Ah ! plaignez-moi, Georges, plaignez-moi !

Et en disant ainsi de l'accent du désespoir, Piazetta cachait son visage baigné de larmes sur le sein du jeune homme.

— Piazetta, êtes-vous certaine que M. de Chaverny soit sincère et qu'il tienne sa promesse ? interrogea le jeune homme.

— Oui, Georges, car Robert a fait le serment, devant Dieu et sur les mânes de ses ancêtres, de n'avoir jamais d'autre femme que moi.

— Mais alors, quoi l'empêche de réaliser aujourd'hui cette promesse ?

— Le consentement du roi qui se fait attendre, dit-il.

— Depuis quand n'est-on plus le maître d'épouser celle que l'on dit aimer, sans la permission du souverain ?

— Ainsi le veut l'étiquette chez les gens de qualité, répliqua naïvement la jeune fille.

— Piazetta, reprit Georges, si le marquis de Chaverny vous nomme sa femme, ma haine pour lui devra se taire devant cette preuve d'amour et cette noble réparation de son crime ; mais malheur à lui si sa promesse n'était qu'un vain mensonge et son serment un lâche parjure pour se jouer de votre crédulité. Oh ! oui, malheur ! car cet homme alors ne périrait que de ma main !

— Vous avez raison, Georges, malheur à lui, car la faible fille outragée, trahie, deviendrait une implacable ennemie qui, seule, se chargerait de punir et de se venger, répliqua vivement Piazetta.

Encore un long entretien où Georges fit part à Piazetta de son séjour à l'hôtel de Presle, de l'estime dont l'honorait mademoiselle Vénus de Miremont, de l'intérêt que prenait cette dernière à son malheur en daignant l'entourer de sa protection.

La onzième heure du soir sonnait au couvent des Minimes, lorsque, après avoir baisé et mouillé des larmes du regret la main que lui avait abandonnée Piazetta, Georges quittait la demeure de la jeune fille pour se diriger triste et pensif vers l'hôtel de Presle.

XIII

CHEZ LE ROI

Il y avait bal masqué au palais de Versailles. Le roi Louis XV, après un somptueux gala, faisait danser sa bonne noblesse de France. Les riches salons étaient envahis par une foule nombreuse ; l'or et les pierreries étincelaient de toutes parts. Un doux parfum de femmes et de fleurs régnait délicieusement dans ce terrestre paradis où les anges étaient et la jeunesse s'étaient empressées de se rendre à l'appel du galant souverain. Le roi, gracieux et souriant, se promenait à travers la foule, tenant la reine sous son bras, ce qui n'empêchait pas le royal papillon d'adresser une tendre œillade à chaque jolie femme qu'il rencontrait sur son passage. Deux entre autres eurent l'avantage de fixer plus particulièrement les yeux du monarque. C'était la belle marquise de Presle et la charmante Vénus de Miremont, sa cousine, devant lesquelles le roi daigna s'arrêter.

— Soyez la bienvenue chez moi, mon brave petit amiral, dit Louis XV à Vénus en lui prenant doucement la main ; ce matin, reprit-il, nous avons fait un heureux en votre faveur. ma toute charmante, en ratifiant, de notre main royale, le grade accordé à M. le vicomte Gaston de la Peyronie, par feu votre oncle le brave baron de Roche-Courbe... c'est vous dire, mademoiselle, que je verrai, avec plaisir, s'allier la maison des de la Peyronie avec celle si recommandable de Miremont, et que nous sommes tout disposé à signer à votre contrat de mariage.

Ces paroles amicales valurent au roi un beau remerciement et une noble révérence de la part de Vénus. Après quoi, il s'éloigna pour disparaître dans la foule, loin des regards de Vénus et de la belle marquise de Presle.

Après le souverain, la première personne qui accosta nos deux dames, fut le prince de Bourbon-Condé venant galamment s'offrir pour cavalier à la marquise ainsi qu'à Vénus, et les promener dans les salons, tandis que Gaston, place respectueusement en arrière-garde, derrière Vénus, s'efforçait de la protéger contre l'envahissement de la foule.

— Mais ne serait-ce pas M. Robert de Chaverny que j'aperçois d'ici, donnant le bras à mademoiselle Armandine de Croie, s'informa vivement la marquise en s'adressant à Vénus.

— Lui-même, oh ! je le reconnais, répliqua la jeune fille, comme il parait galant et empressé auprès de cette jeune personne, ajouta Vénus en tournant la tête pour fixer sur Gaston un regard où se peignaient la surprise et le mécontentement ; regard devant lequel Gaston resta muet et embarrassé.

Quelques tours encore et le prince, mandé par le roi, forcé de se rendre à cet ordre suprême, quitta précipitamment les deux dames après les avoir confiées aux soins de Gaston dont il connaissait les prétentions sur mademoiselle de Miremont.

— Maintenant, monsieur, que l'absence de son Altesse vous dicte la langue, vous allez, sans doute, nous apprendre quel rôle joue M. Robert, votre ami, auprès du duc de Croie et de sa fille ? comment encore il se fait qu'il soit, ouvertement ici, le cavalier de cette jeune personne ? interrogea vivement Vénus en s'adressant à Gaston.

— Celui d'un homme galant et ami de la famille de ladite personne, sans doute, répliqua Gaston.

— Ainsi vous ne pouvez m'en apprendre davantage ?...
— Non, mademoiselle.
— A propos, avez-vous rempli la mission dont je vous avais prié? celle de découvrir la demeure de Piazetta.
— Pas encore, car depuis hier que vous m'avez chargé de cette commission, je n'ai pu rencontrer Robert, par conséquent, l'interroger à ce sujet ; mais demain...
— Il serait inutile, vu que mieux servi par d'autres que par vous, je sais maintenant tout ce que je désirais savoir, fit Vénus d'un petit ton railleur.
— Ah ! vous savez...
— Oui, que Piazetta, loin d'avoir été la complice de votre ami, n'a été que la victime de son audacieux libertinage ; que déshonorée, et n'osant retourner flétrie près de sa mère, dans son village où chacun lui eût jeté le mépris à la face, la pauvre fille a été forcée de suivre son ravisseur, de qui elle espère en vain une réparation. Je sais encore que Piazetta est mère, qu'elle habite Paris, où M. de Chaverny la tient cachée dans un petit hôtel de la Chaussée des Minimes, où il lui fait de fréquentes et insignifiantes visites, telles que les fait, enfin, un amant qui n'aime plus. Maintenant, que je vous ai dit ce que je sais, voulez-vous, Gaston, que je vous dise ce que je soupçonne ?
— Je vous écoute, fit le jeune homme.
— Eh bien ! que votre ami fait sa cour à mademoiselle de Croie et qu'il y a quelque mariage sous jeu.
— Vous pensez, belle Vénus ? mais alors si cela était, je ne pourrais que féliciter ce cher Robert d'une alliance aussi honorable que magnifique, s'écria étourdiment Gaston.
— Mais en pensant ainsi, vous oubliez, sans doute, que ce mariage raviroit tout espoir à la pauvre Piazetta à qui Robert a promis son nom en compensation du mal qu'il lui a fait ?
— Cela est probable, mais je suppose assez de bon sens à la petite chevrière pour comprendre tout le ridicule et l'extravagance de ses prétentions, et que le dernier rejeton de l'illustre et noble famille de Chaverny ne pourrait décemment descendre jusqu'à prendre pour femme une sauvage gardeuse de chèvres.
— Cependant, après s'être abaissé jusqu'à elle pour en faire sa maîtresse, ne pourrait-il, en expiation de cet oubli de toute dignité, l'élever jusqu'à lui et en faire sa femme ?
— Impossible ! En amour tout est permis ; mais lorsqu'il s'agit pour un homme du rang de Chaverny de prendre femme, on ne peut jamais viser trop haut.
— Ce que vous me dites là, Gaston, est plein de sens. En effet, Robert ne pourrait, sans honte, se mésallier au point de devenir l'époux d'une paysanne, et ainsi que vous, je le féliciterais du bonheur d'être le mari de mademoiselle de Croie, si ce dont je doute, cet honneur lui était réservé.
— Pourquoi ce doute? belle Vénus ; ignorez-vous que l'ami Robert est de haute lignée ? qu'il est jeune, aimable, spirituel, et de plus, possesseur d'une immense fortune ? qu'il réunit enfin toutes les qualités nécessaires pour aspirer à un mariage honorable ?
— D'accord ; mais, M. de Chaverny pensera en sus de tout cela, la réputation d'un homme à bonnes fortunes, et la rigidité de mœurs de la famille de Croie est proverbiale, vous le savez ? j'augure donc de là, que cette même famille devra hésiter avant d'admettre chez elle, en qualité de gendre, un coureur d'aventures galantes.
— Et moi, je pense qu'elle aurait tort de s'arrêter sur quelques peccadilles de jeunesse, lorsque la beauté et les nombreuses qualités de mademoiselle de Croie devront, jamais fixer l'heureux mortel qu'elle daignera accepter pour époux. Exemple ! vous, adorable Vénus, dont l'esprit et les charmes m'ont fixé à jamais !
— Gaston, fit la marquise de Presle qui avait écouté et deviné les intentions de Vénus, Gaston, nous sommes curieuses de savoir à quel titre M. de Chaverny est admis auprès du duc de sa fille, et c'est vous que Vénus et moi, chargeons de nous instruire d'après avoir écouté les confidences que l'amitié du marquis de Chaverny ne manquera pas de vous faire après que vous les aurez provoquées.
— Vous entendez, mon ami ? fit à son tour Vénus.
— Vos désirs étant des ordres pour moi, mesdames, je ferai en sorte de les satisfaire, répliqua Gaston...
— Non, pas demain, mais cette nuit même, avant la fin du bal, afin qu'il nous soit permis de féliciter ce cher Robert sur son bonheur, car mademoiselle Armandine de Croie est, dit-on, un ange de perfection dont les vertus embelliront l'exis-

tence de son heureux époux, reprit Vénus de l'accent de la vérité.
Je suis persuadée que ce mariage plaira à sa Majesté, à laquelle je me propose d'en parler dans l'intérêt de M. Robert de Chaverny, pour lequel je me suis toujours sentie bien disposée, tant il est vrai, que nous autres femmes, nous avons toutes, quand même, un faible des plus forts pour les aimables mauvais sujets, dit-à son tour la marquise de Presle.
— En vérité, mesdames, j'étais loin de vous savoir en aussi bonnes dispositions pour mon ami Robert, reprit le confiant Gaston ; aussi, sans plus vous déguiser la vérité, je vous dirai tout de suite que s'il vous plaît d'adresser vos félicitations à Chaverny concernant son alliance avec les de Croie, qu'aucun doute ne doit plus vous arrêter, car son mariage avec mademoiselle Armandine est non-seulement arrêté, mais qu'il est encore sur le point de s'accomplir très-prochainement.
— Comment, Gaston, vous saviez cela et vous m'en faisiez un mystère ? dit Vénus en souriant.
— Que voulez-vous ? ce secret était celui d'un ami envers lequel je vous croyais assez mal disposées ; or, pouvais-je raisonnablement vous fournir des armes contre lui en vous sachant partisantes de la chevrière.
— Ceci est parler sagement. Ainsi, ce mariage est certain ?
— Très-certain, belle Vénus.
— Eh bien ! mon ami, il faut faire en sorte qu'il ne s'accomplisse pas, et c'est vous que je charge de ce soin.
— Plaisantez-vous, Vénus ? quoi, empêcher une alliance que vous approuviez il n'y a qu'un instant. Mais alors, vous me trompiez donc ?
— Pourquoi avez-vous été assez crédule, monsieur, pour prendre au sérieux ce qui n'était qu'une ruse afin d'arracher à votre dissimulation une funeste vérité, fit Vénus d'un ton sévère.
— Et maintenant, après m'avoir arraché mon secret, vous exigez que je brise le bonheur et l'avenir de mon ami intime ; ne l'espérez pas, mademoiselle, ne l'espérez pas ! termina Gaston avec force et résolution.
— Monsieur, je n'exige rien ; seulement, je me contente de vous dire que, si votre ami Robert épouse une autre femme que la mère de son enfant, je me voue moi-même au célibat, après vous avoir rendu votre parole.
Cela dit d'un ton sec, Vénus retira son bras de dessous celui de Gaston, et entraînant la marquise de Presle d'un pas vif, elle s'en fut se perdre avec elle dans la foule, laissant le pauvre Gaston tout étourdi de l'aventure.
— Maudite fille !... Elle le fera comme elle le dit... Et moi qui l'adore... Niais ! double niais ! de m'être laissé prendre au trébuchet de ces malignes femelles... Ainsi, tout innocent que je suis des fredaines de ce diable de Robert, c'est moi qui en paierai les frais...
Gaston disait ainsi, en proie à un violent dépit et tout en poursuivant au loin, du regard, Vénus et sa compagne, lorsqu'il fut étourdiment se heurter dans un beau cavalier qui se promenait à pas lents en tenant, sous son bras, celui d'une jeune et jolie dame à laquelle il débitait sentimentalement un galant discours.
Gaston venait de reconnaître Robert et mademoiselle de Croie dans ce jeune et beau couple, Robert qui s'empressa de le présenter à Armandine, en qualité de son ami intime, ce qui valut à Gaston un salut et le plus gracieux sourire de la part de la jeune et belle fille, quelques instants d'un aimable entretien qu'interrompit le duc de Croie qui venait chercher sa fille pour la présenter à la reine qui désirait la voir.
Resté seul avec Robert, Gaston, avant d'entamer l'entretien, toussota trois fois ; puis, en regardant fixement Robert :
— Eh bien ! ton mariage va bon train, à ce qu'il y paraît ? interrogea-t-il.
— Comme tu le dis, mon bon, et tu vois un homme au comble de l'ivresse. Gaston, que penses-tu de mademoiselle de Croie ?
— Qu'elle est fort belle.
— Ajoute encore qu'elle possède toutes les perfections, un nom magnifique joint à une immense fortune. Enfin, ce mariage qui va me rendre le plus heureux des hommes, passe toutes mes espérances.
En parlant ainsi, la joie s'épanouissait sur le visage de Robert et le sourire du bonheur errait sur ses lèvres.
— Ainsi, tu te maries sans remords, sans arrière-pensée qui trouble ton bonheur ?
— Plaisantes-tu, Gaston, des remords ! et de quoi ?...
— Dame ! la chevrière...

— Piazetta, veux-tu dire?... une adorable enfant à qui j'assure un sort heureux, même brillant, et à laquelle je me propose de rendre quelques secrètes visites après mon mariage, soit dit en confidence.
— Et ton enfant, Robert, ce fruit clandestin de ta séduction?...
— Ah çà! mauvais plaisant, pourrais-tu me dire quelle mouche te pique pour venir ainsi m'entretenir maladroitement de tout ce qui peut être pour moi un sujet d'ennui et de contrariété, fit Robert avec humeur et en s'approchant de Gaston.
— C'est qu'à ta place, mon cher Robert, j'éprouverais certain scrupule à tromper, une seconde fois, une pauvre et innocente fille, la mère de ton enfant, de ce cher petit chérubin qui ne demanderait pas mieux que de t'appeler papa, de te caresser de ses gentilles petites menottes; ensuite, tu m'as dit avoir promis le mariage à Piazetta, à cette belle et gracieuse fille que tu dis aimer, ne pouvoir oublier, et ne...
— Va toujours, mon bonhomme, car tu m'amuses horriblement; mais, avant de continuer cette paternelle allocution, dis moi ce que t'a promis la belle Vénus de Miremont en échange de ma conversion; la récompense est-elle au moins proportionnée à l'importance de la rude tâche que tu veux entreprendre, celle de me faire renoncer à une brillante alliance, pour devenir le mari d'une innocente bergère?
— Je ne comprends pas, fit Gaston d'un ton tout innocentin, afin de cacher son désappointement.
— Et moi, je comprends fort bien, qu'amoureux et docile, tu suives les conseils que te dictait tout à l'heure la reine de ta pensée, qui, je ne sais trop pourquoi, s'est déclarée la partisante de Piazetta, d'une fille qui lui est totalement étrangère.
— Robert, tu te trompes, mon ami; Vénus n'est pour rien dans tous les bons conseils que l'honneur m'invite à te faire entendre, reprit vivement Gaston.
— Cependant, un mien ami, chargé de tout entendre et de tout surveiller, dans mon propre intérêt, vient de m'assurer que, tout à l'heure en marchant sur tes pas et ceux de mademoiselle de Miremont, avoir entendu cette charmante personne te déclarer positivement qu'elle ne consentirait à devenir ta femme que le jour où je deviendrais le mari de Piazetta. Gaston, je te plains alors, car malgré toute la puissance et la sincérité de l'amitié qui nous unit l'un à l'autre, je ne me sens pas la force de renoncer en faveur à mademoiselle de Croie, ni à m'encanailler par une mésalliance pour décider la belle et exigeante Vénus à devenir madame de la Peyronie. Crois-moi, mon bon Gaston, tu n'es pas un assez fin diplomate pour entreprendre la tâche que t'impose l'amour en cette circonstance; fais donc en sorte que ta belle maîtresse mette ses douces faveurs à un moins haut prix, ou, mieux encore, par moins de faiblesse et de condescendance, et même en la compromettant tant soit peu, contrains Vénus à presser elle-même une union qu'elle désire autant que toi, mais que sa coquetterie veut te faire gagner par ton entière soumission à ses caprices.
Maintenant, ajouta Robert en quittant le bras de Gaston, permets que je te quitte, car j'aperçois d'ici mademoiselle de Croie, ma belle future, qui sort du cabinet de la reine.
Ces paroles dites, Robert, après avoir pressé la main de Gaston, s'éloigna vivement.

XIV

Piazetta, dans la matinée qui suivit le bal de la cour, attendait la visite de Robert; voulant faire une douce surprise à son amant, elle avait appelé près d'elle son jeune enfant, charmant petit garçon, un ange du ciel, rose et blond, qui, déjà, souriait à sa mère en lui tendant ses petits bras.
Enfermée dans la pièce la plus reculée de ses appartements, n'ayant pour témoin de ses transports maternels que la nourrice de ce fils, qu'elle comblait des plus tendres caresses, Piazetta s'inquiétait du retard que Robert apportait à se rendre près d'elle, en voyant s'écouler l'heure qu'il lui avait indiquée la veille. Un bruit de pas se fit enfin entendre dans la pièce précédente, et croyant reconnaître celui de Robert, déjà le cœur impatient de la jeune mère se livrait à la joie, lorsque la porte en venant à s'ouvrir, ne donna entrée qu'à une chambrière qui venait annoncer à Piazetta une visiteuse inconnue qui la priait de vouloir bien la recevoir.
— Quelle peut être cette femme?... que me veut-elle?...

une infortunée, sans doute, qui vient mettre ma charité à l'épreuve; qu'elle soit la bienvenue, il est si doux de faire le bien!
Ainsi pensait Piazetta en s'empressant de placer son fils dans les bras de la nourrice, après lui avoir donné un baiser, pour ensuite se rendre dans un petit salon où l'attendait la visiteuse, jeune et belle personne vêtue avec élégance, qui se leva du siège sur lequel elle était assise pour venir, souriante, à la rencontre de Piazetta.
— Qui ai-je l'honneur de recevoir, madame? dit la maîtresse du lieu avec un certain embarras, et tout en saluant la visiteuse qui l'entraînait doucement vers un sopha où elles s'assirent l'une à côté de l'autre.
— Une amie qui connaît vos malheurs, s'intéresse à vous et vient à votre secours; enfin, je suis Vénus de Miremont.
— En effet, mademoiselle, votre nom ne m'est point inconnu; c'est celui d'une jeune et bienfaisante personne, dont tous les malheureux de Marseille se plaisaient à bénir la bienfaisance. Vous venez à mon secours, dites-vous, mademoiselle, je vous en remercie d'avance; mais veuillez me dire, si, par hasard, et sans m'en douter, je serais menacée de quelque malheur?
— Piazetta, écoutez, écoutez! reprit Vénus avec fermeté en prenant amicalement les deux mains de la jeune fille dans les siennes; c'est moi qui, après votre disparition, ai recueilli votre mère au désespoir; c'est moi qui vous justifiai à ses yeux lorsque, tout en déplorant votre perte, elle vous accusait d'ingratitude; c'est moi, enfin, qui ai veillé sur ses souffrances et recueilli sa dernière parole qui était une bénédiction pour vous, et son dernier soupir lorsqu'elle rendit son âme à Dieu.
— Hélas! elle est morte en me croyant coupable, lorsque je n'étais au contraire que la victime involontaire d'un rapt audacieux! s'écria Piazetta en larmes.
— Je suis instruite de tout, Piazetta; et c'est parce que je vous sais malheureuse et innocente que je viens à vous comme une amie, afin de vous mettre en garde contre la trahison.
— De grâce! expliquez-vous, mademoiselle.
— Piazetta, votre séducteur, le père de votre enfant, celui qui vous a juré de devenir votre époux, Robert de Chaverny, enfin, vous trompe et va devenir le mari de la jeune et riche fille du duc de Croie, si vous tardez un seul instant à réclamer au perfide l'exécution du serment qu'il vous a fait.
— Que dites-vous, grand Dieu! fit Piazetta pâle et tremblante en se levant vivement. Oh, non! impossible! vous calomniez Robert; car, hier encore, à cette place, il me jurait un amour éternel, il m'adressait les doux noms d'amie et d'épouse! Robert est le père de mon enfant, de cet enfant qu'il aime, auquel il prodigue les plus tendres caresses, et, après lui avoir dit ceci qu'il est un traître, un infâme! impossible! impossible! vous dis-je.
— Chère enfant! combien cette noble confiance qui ne peut supposer la duplicité et la perfidie prouve la bonté de votre âme! Oui, il m'en coûte, croyez-le, de détruire vos heureuses illusions; mais il y va de votre honneur, de votre avenir, de celui de votre fils, Piazetta, et je n'ai point hésité à venir vous trouver et tout vous révéler. Piazetta, dans trois jours Robert sera l'époux d'une autre que vous, si vous refusez de me croire, si vous repoussez l'aide et le secours que je viens vous offrir!
Piazetta qui, à ces dernières paroles de Vénus, était tombée dans un profond abattement, demeura quelques instants silencieuse et pensive; puis, rompant tout à coup ce même silence:
— Mon Dieu! dit-elle, permettriez-vous que celui qui m'a volé l'honneur, arrachée à ma mère, à l'amour de Georges; l'homme, enfin, à qui j'avais pardonné tous ces crimes, se fasse un jeu des serments les plus sacrés?... Se marier! épouser une autre femme que moi! la mère de son enfant! moi, à qui, hier encore, il jurait un amour éternel... Mais, cet homme, ce Robert est donc un infâme? Encore une fois cela est impossible! s'écria la jeune fille de l'accent du désespoir et en se frappant le front.
— Ah! reprit-elle en voyant Vénus fixer sur elle un regard où se peignait la plus tendre pitié, et l'enlacer d'un bras amical, excusez-moi, mademoiselle, vous qui avez eu pitié de ma pauvre mère, vous qu'elle a dû bénir en mourant; si aujourd'hui j'ose douter de vos paroles, lorsque je vous dois respect et reconnaissance. Mais, voyez-vous, Robert m'a répété mille fois les mots : « Je t'aime! » c'est que mille fois il m'a nommée sa femme chérie, fait le serment de ne jamais en avoir ni d'en

aimer d'autre que moi, et tout cela a mes pieds, afin que je lui pardonne son crime, le mal qu'il m'a fait endurer, et, si cet avenir honorable qu'il s'est plu à faire briller à mes yeux devait se briser tout à coup, je deviendrais folle de rage et de douleur ; c'est qu'alors, cessant d'être une femme faible et soumise, je crierais : « Malheur au parjure ! malheur à l'amant sans honneur ! au père dénaturé !... »

En voyant l'animation fébrile qui agitait les membres de la jeune fille, en voyant son visage s'empourprer, ses yeux lancer des éclairs, où brillaient la colère et la vengeance, Vénus se souvint alors que le sang de la brûlante Italie coulait dans les veines de Piazetta et qu'il commençait à s'éveiller.

— Piazetta, reprit-elle alors, je ne suis point venue à vous pour soulever la haine dans votre cœur, mais bien pour vous mettre en garde contre cette infidélité si commune dans le cœur humain, et vous aider par mes conseils à retenir l'homme prêt à s'enchaîner à une autre que vous. Votre amour, plus fort que votre raison, se refuse à me croire ; qu'il en soit selon votre volonté. Maintenant, Piazetta, retenez bien ceci, dit Vénus en se levant pour prendre congé de la jeune fille : au jour du malheur, souvenez-vous de Vénus de Miremont, que son cœur et sa maison vous sont ouverts ; qu'en moi vous trouverez une sœur et une seconde mère pour votre enfant.

— Quoi, je suis malheureuse, je souffre et vous voulez me quitter, mademoiselle ? ah ! restez, de grâce, restez ! fit Piazetta d'une voix suppliante en retenant Vénus, qui, en lui souriant, reprit sa place près d'elle.

— Ainsi, vous consentez à m'entendre ; à ce que, ensemble, nous avisions au moyen de ramener un amant égaré, et à rompre un mariage tant nuisible à votre honneur comme à votre repos ?

— Ce mariage, mademoiselle, il ne s'accomplira jamais ! répliquait Piazetta d'une voix ferme et menaçante, lorsqu'un valet se présenta pour annoncer l'arrivée de Robert.

A ce nom, Vénus ne put comprimer un certain mouvement de surprise et de crainte, quant à Piazetta :

— Dites à monsieur le marquis que je suis seule et que je l'attends ici, dit-elle au valet, pour ensuite s'adresser à Vénus et la prier de vouloir bien passer dans une pièce voisine le peu de temps qu'elle allait consacrer à Robert, démarche à laquelle consentit la jeune fille, après lui avoir recommandé la prudence et le sang-froid.

A peine Vénus s'était-elle retirée, que Robert, le visage sévère et soucieux, se présenta au salon pour venir prendre, près de Piazetta, la place de Vénus, et saisir la main de Piazetta pour la porter à ses lèvres.

— Qu'avez-vous donc ce matin, Robert, vous semblez mal à l'aise ? interrogea Piazetta.

— Une violente contrariété, ma toute belle.

— Quel en est le sujet ? ne pourriez-vous me l'apprendre ?

— Il le faut bien ! soupira Robert. Sachez donc, chère âme, qu'il ne s'agit rien moins, pour moi, que d'accompagner, par ordre supérieur, ma belle tante de Véronne dans un voyage qu'elle entreprend des demain, à travers ses terres de la Bourgogne, ce qui va me nécessiter une absence d'un grand mois loin de vous et de la ville, de vous, chère Piazetta, dont la présence m'est si chère, si indispensable même à mon existence.

— Ainsi, toujours la ruse et le mensonge, afin de mieux tromper votre malheureuse victime. Car vous mentez, Robert ! oui, vous mentez ! reprit Piazetta avec force, et en fixant sur Robert un regard menaçant et scrutateur.

— Parsembleu ! pourquoi ce courroux, et quelle lubie vous passe par la cervelle ? chère belle, répliqua Robert vivement et d'une gaieté feinte.

— Monsieur de Chaverny ! quel jour le roi signe-t-il à votre contrat de mariage avec mademoiselle de Croie ?

— Que signifie !... exclama Robert vivement et en pâlissant.

— On cite cette noble demoiselle comme étant la plus belle comme la plus riche héritière de France. Malpeste ! c'est un bel et bon mariage que vous convoitez là, marquis. Seulement, il est fâcheux qu'il ne puisse s'accomplir, reprenait Piazetta avec ironie.

— Ainsi, vous savez tout, et la feinte devient inutile, reprit Robert. Piazetta, vous entendrez raison, je l'espère ; vous comprendrez que mon devoir est de céder et d'obéir au roi, qui désire et commande cette alliance, sollicitée par ma tante et que je n'accomplis qu'avec regret et contrainte...

— Piazetta, ajouta Robert, en voyant la jeune fille demeurer muette, Piazetta, que t'importe que mon nom seul appartienne à une autre, si mon cœur doit te rester à jamais ? Toi, la seule femme que j'aie aimée et que j'aimerai toujours !

— Robert, reprit Piazetta, en repoussant avec dédain les bras qui se disposaient à l'enlacer, vous êtes un lâche et un infâme !

— Quoi, l'insulte ! fit le marquis en se levant brusquement et d'un ton courroucé.

— Robert, vous n'épouserez pas mademoiselle de Croie ; car votre véritable femme, c'est moi ! moi, que vous avez violée ! la mère de votre enfant ! à qui vous avez promis de réparer l'honneur, de donner votre nom.

— Eh bien ! oui, Piazetta, je t'ai promis tout cela, j'en conviens ; mais aujourd'hui, le roi ordonne et ma tante commande, sous peine de me déshériter ; il me faut obéir malgré moi.

— Et moi, je vous dis que vous n'obéirez pas, Robert ; je vous répète que vous n'épouserez pas mademoiselle de Croie.

— Qui donc m'en empêchera, si telle est ma volonté ? s'écria Robert de l'accent de la colère.

— Moi ! fit Piazetta avec force.

— Malheureuse ! reprit le marquis, en fixant sur la jeune fille un regard menaçant.

— Oui, moi ! en te démasquant à leurs yeux, en leur disant que tu es un lâche et un infâme !

— Piazetta, si tu osais ceci, malheur à toi !

— Je l'oserai, marquis de Chaverny, s'écria Piazetta avec audace et fermeté.

— Écoute, écoute, Piazetta, toi que j'aime et au nom de notre cher enfant, ne me contrains pas à devenir injuste et méchant envers toi ; compare ta naissance à la mienne, réfléchis et dis moi si, sous peine d'être mis au ban de la noblesse et chassé de la cour, privé même de mes dignités, je puis devenir ton époux ? Piazetta, je te le dis encore, à toi mes soins, ma fortune dont tu seras la dispensatrice, mais, au nom du ciel, n'exige rien de plus.

— Ceci est-il votre dernier mot, Robert ?

— Le dernier ! fit le marquis avec résolution.

— Alors, ne vous étonnez pas si l'agneau devient loup, si la maîtresse soumise se révolte ; c'est vous dire, Robert, que le jour où vous deviendrez l'époux d'une autre que Piazetta, c'est que Piazetta aura cessé d'exister. Dieu m'aidera dans cette tâche de vengeance et de justice, car c'est mon honneur et mon enfant que je vais défendre en ruinant vos ambitieux projets, en demandant justice et réparation.

— Folle ! archi-folle ! qui veut lutter contre moi, lorsqu'il suffirait de mon souffle pour la réduire à l'impuissance ; Piazeta, crois-moi, n'engage pas un combat inégal, il t'arriverait malheur, et, docile aux volontés de l'amant qui t'aime, soumets-toi, pauvre fille ! Piazetta, consens à t'éloigner de Paris pour quelques jours seulement, à les passer dans le riche domaine dont te dote mon amour ; château et terres magnifiques dont tu deviens aujourd'hui la maîtresse souveraine, et l'apanage de notre enfant. Pars et sois sûre que mon souvenir et mes bienfaits te suivront ; Piazetta, acceptes-tu ce pacte d'amitié qui assure ton bonheur, ta fortune et celle de ton fils ?

— Non ! répondit la jeune fille.

— Alors, tu veux donc la guerre ? tu veux donc que mon amour se change en haine ?

— Je veux être votre femme, je veux un père pour mon enfant ; je veux enfin que, lui et moi, en tous lieux, en tous temps, nous puissions paraître la tête haute et sans avoir à rougir.

— Encore une fois, Robert, marquis de Chaverny, ne peut jamais être le mari d'une chevrière, répliqua le seigneur avec impatience et emportement.

— La réponse me serait facile, monsieur le marquis, mais à quoi bon perdre l'un et l'autre notre temps en paroles plus ou moins offensantes pour notre honneur et notre amour-propre. Soyons brefs et terminons : La cupidité et l'orgueil vous font manquer à la foi jurée, et briser en moi, sans pitié, le jouet d'un caprice libertin, mais la victime de ce même caprice se souvient qu'elle n'a rien fait pour l'exciter et mériter l'indigne avantage d'être votre maîtresse ; elle se souvient que vous lui avez volé l'honneur ; qu'elle est en droit d'exiger une réparation. Ainsi donc, monsieur de Chaverny, c'est armée de ce droit et forte de sa cause, que la chevrière vous répète que vous n'épouserez pas la fille du duc de Croie !

Ces paroles, dites d'une voix forte et impérieuse, Piazetta, qui avait quitté son siége, marcha vers la chambre où se trouvait Vénus, et disparut vivement aux regards de Robert qui essaya de la rejoindre, mais sur qui la porte se referma brusquement.

XV

LE MOYEN DE SE METTRE A L'ABRI DES COUPS DE LANGUE

Le jour même de cette scène entre elle et Robert, Piazetta et son enfant avaient quitté l'hôtel de la Chaussée des Minimes pour suivre Vénus à l'hôtel de Presle, dans lequel la jeune fille, qui prenait la mère et l'enfant sous sa protection, leur avait donné asile.

Le lendemain, Piazetta, résolue et guidée par le désespoir, s'échappait seule et en secret de ce même asile pour se diriger vers la riche demeure du duc de Croie. La jeune fille, tout occupée de l'importante démarche qu'elle allait remplir, et la tête exaltée par la douleur, la honte et la colère, courait les rues, fendait l'espace, sans remarquer qu'elle était suivie de près par plusieurs hommes noirs et à figures sinistres, qui ne la perdaient pas de vue.

Piazetta, après une course longue et rapide, atteint enfin l'hôtel de Croie. Mais, au moment d'y pénétrer, se sentant défaillir sous le poids de l'émotion qui la domine, elle se voit contrainte de s'asseoir sur l'un des bancs de pierre placés de chaque côté de la porte.

— Mon Dieu ! murmurait-elle tout bas, donnez-moi la force d'accomplir mon projet. C'est pour mon enfant, mon Dieu, que j'entreprends aujourd'hui cette tâche honteuse et pénible, c'est pour lui conserver son père et rendre sa mère digne de lui et de son estime.

Elle priait ainsi, les yeux baissés, lorsqu'un valet, après s'être approché d'elle et l'avoir regardée attentivement, prononça ces mots en s'éloignant vivement :

— C'est bien elle !

Piazetta, se sentant remise et reprenant courage, se leva pour marcher vers la porte de l'hôtel, et, la voyant fermée, elle se disposait à en soulever le lourd marteau, lorsqu'elle fut subitement entourée par quatre hommes, dont l'un, qui paraissait être le chef, lui signifia qu'il l'arrêtait au nom du roi.

Piazetta, plus surprise qu'effrayée, essaie de parler, mais on ne l'écoute pas ; elle veut résister, on emploie la force pour l'entraîner ; elle veut crier, on lui ferme la bouche ; des passants qui se sont arrêtés veulent prendre parti pour elle, mais le chef des exempts fait entendre ces mots :

— De par le roi, et la foule se tait, s'écarte pour livrer passage à la justice souveraine qui, après avoir fait monter de force la jeune fille dans un carrosse de place, ordonne au cocher de rouler vers les Madelonnettes, prison réservée en ce temps-là aux filles et aux femmes de mauvaise vie, de laquelle les portes s'ouvrirent pour recevoir la pauvre Piazetta et se refermèrent sur elle en dépit de ses supplications et de ses larmes.

La journée s'écoulait ; Vénus et Georges étaient tous deux en proie à une vive inquiétude en ne voyant pas revenir Piazetta, qui les avait prévenus de la démarche qu'elle allait faire auprès du duc de Croie, afin de démasquer, auprès du père et de la fille, l'homme qui, après l'avoir déshonorée, voulait encore l'abandonner.

En vain Vénus et Georges s'efforçaient-ils de s'expliquer cette longue absence, lorsque voyant à la pendule indiquer la deuxième heure après midi, et ne pouvant plus dominer l'inquiétude qui le dévorait, Georges donc se leva vivement du siège sur lequel il était assis à côté de Vénus, et déclara qu'il allait se rendre chez le duc de Croie, afin de s'informer de Piazetta, dont la longue absence lui faisait pressentir quelque nouveau malheur, quelque méfait de la part du marquis de Chaverny.

Vénus approuvant cette démarche, après avoir recommandé la prudence, engagea Georges à faire diligence, afin de revenir la rassurer le plus tôt possible.

Il part, franchit l'espace, après avoir refusé le carrosse que Vénus avait mis à sa disposition, cela dans l'espoir de rencontrer Piazetta sur le chemin qu'il doit parcourir. Arrive à l'hôtel de Croie, George demande à parler au duc.

— Monsieur le duc y être bas chez lui, répond un gros Suisse du fond de sa loge.

— En son absence, me serait-il permis de voir mademoiselle sa fille ? s'informe notre jeune homme.

— Bassez à la antichambre où les valets de service vous rébondront.

Sur cet avis, Georges traverse une cour immense, atteint un vaste perron, au pied duquel stationnait un riche carrosse et, près de pénétrer dans le vestibule, il va se heurter dans Robert qui en sortait au même instant. Les deux rivaux se reconnaissent et tous les deux pâlissent de colère.

— Que venez-vous faire ici, monsieur ? interrogea vivement Robert d'une voix impérieuse, tout en barrant le passage à Georges.

— Je pourrais me dispenser de répondre à votre question, monsieur, et pourtant je vous dirai que je viens ici demander Piazetta, qui a dû venir ce matin dans cet hôtel.

— En effet, elle y est venue et elle en est partie presque aussitôt, après avoir obtenu une audience de monsieur le duc de Croie, reprit Robert d'un ton calme.

— Vous me permettrez d'en douter, monsieur le marquis, car il n'y a que la force et la contrainte qui puissent retenir aussi longtemps Piazetta éloignée de son enfant et de ses amis.

— La force, la contrainte ! allons donc ! reprit Robert avec un sourire ironique, est-ce qu'il y a besoin de toutes ces rigueurs pour retenir une femme chez celui qu'elle aime, chez le père de son enfant ?

— Ainsi, selon votre dire, monsieur, Piazetta a été reçue par monsieur le duc, et c'est à la suite de cette audience qu'elle se serait rendue volontairement chez vous ?

— Oui, monsieur, et si vous tenez à vous en assurer, je vous offre une place dans ma voiture, qui tout à l'heure, avec moi, où Piazetta, en personne, vous fera les honneurs du logis.

— J'accepte votre proposition, monsieur le marquis ; d'autant mieux que, si mon attente était trompée, si vous vous étiez joué de ma bonne foi, rien ne m'empêcherait de revenir ici demander Piazetta au duc ou à sa fille.

— Monsieur Georges, croyez-moi, trop de zèle est parfois nuisible, aussi bien qu'un doute injurieux peut souvent ébranler la meilleure résolution. Oui, je vous le répète, s'il vous plaît de voir Piazetta et d'entendre de sa bouche les conditions du nouveau pacte convenu entre elle et moi, venez, vous dis-je, suivez-moi sans plus tarder, car de ce pas je me rends auprès d'elle.

— Allons donc, monsieur, répondit Georges résolument, en montant en voiture et s'y plaçant à côté de Robert.

Après une course rapide, durant laquelle ni l'un ni l'autre n'ont proféré une seule parole, ils arrivent. La voiture entre dans la cour de l'hôtel, pour aller s'arrêter au pied d'un vaste perron et y déposer Robert et Gaston, que le premier introduit chez lui et guide silencieusement à travers une longue suite d'appartements, pour aller s'arrêter dans une chambre où Robert engage Georges à s'asseoir et vouloir bien attendre qu'il aille lui-même prévenir Piazetta de sa présence et la disposer à le recevoir.

Georges, le crédule Georges, se contente de saluer en forme d'adhésion le perfide Robert qui s'empresse de le quitter et de fermer la porte de la chambre à double tour, après en être sorti.

Georges a entendu le bruit de la serrure ; il se précipite sur la porte qui résiste à ses efforts. C'est vers la fenêtre qu'il s'élance, et c'est alors que sa colère et son indignation redoublent en la voyant fermée par de forts et épais barreaux de fer.

— Mille dieux ! ce misérable s'est joué de ma sotte crédulité ! Quelles peuvent être ses intentions ? Prétendrait-il me retenir prisonnier dans sa demeure contre tout droit et toute justice. Ah ! malheur à lui ! malheur ! s'écriait Georges dans le paroxisme de la fureur, en essayant d'arracher barreaux et serrures.

C'est en vain qu'il épuise ses forces, qu'il brise sa voix en poussant des cris de rage, en exhalant la menace et l'injure. Tout résiste, tout se tait, et Georges, découragé, épuisé par la fatigue, se laisse tomber anéanti sur le tapis qui couvre le parquet de la chambre.

Deux heures se passèrent dans une cruelle atonie que firent cesser un bruit de voix, celui de la serrure, et la porte qui s'ouvrit pour donner entrée à un exempt escorté de quatre soldats aux gardes.

— Votre nom ? demanda l'exempt à Georges.

— Que vous importe ? répliqua vivement le jeune homme en se relevant précipitamment.

— Au nom du roi ! je vous somme de me dire si vous êtes Georges Bonnard ?

— Je le suis : que me voulez-vous ?

— Vous arrêter en vertu de cette lettre de cachet et vous conduire au Fort-l'Évêque. Suivez-nous, au nom du roi !

— Le roi ne peut avoir donné un pareil ordre envers un de ses loyaux sujets, homme qui, jamais, n'a failli à l'honneur ;

vous vous trompez, monsieur, et me prenez pour un autre, dit Georges avec le calme inimitable d'une bonne conscience.

— Non, monsieur, car c'est bien Georges Bonnard, forgeron, natif de Marseille, que j'ai l'ordre d'arrêter.

— Et moi, bagasse! qui n'ai rien fait qui me vaille la prison, je proteste contre cet acte arbitraire et ne céderai qu'à la force, répliqua Georges en se reculant de quelques pas, tout en restant sur la défensive.

— Croyez-moi, jeune homme, n'aggravez pas votre position en opposant une inutile résistance aux ordres du roi, dit l'exempt.

— Mille dieux! est-ce que le roi, qui ne sait seulement pas si j'existe, peut avoir donné l'ordre de me mettre en prison? Dites plutôt et franchement, que ceci est une nouvelle scélératesse du marquis de Chaverny, qui n'a rien trouvé de mieux pour se débarrasser de moi et de la correction que je lui ménage, que de me faire arrêter, après m'avoir chargé de quelque méfait mensonger.

— Georges Bonnard, au nom du roi, suivez-nous sans plus tarder, dit l'exempt d'une voix impérieuse.

— Jamais! répondit Georges en reculant encore plus.

— Soldats! faites votre devoir, dit l'homme de police.

Et, sur cet ordre, les soldats de s'avancer sur Georges, qui, au comble de la fureur et de l'indignation, oppose une résistance désespérée, que la force parvient seule à dompter en garrottant le pauvre jeune homme, pour ensuite le traîner à travers les appartements et aller le jeter dans une voiture publique qui attendait dans la cour et l'emporter vers le Fort-l'Évêque où, sur la recommandation de l'exempt, qui l'ayant signalé au greffe comme un homme dangereux et violent, le fit enfermer dans un obscur cabanon.

— Sang-dieu! voilà deux tours bien joués!... Ah! ma très-chère, vous voulez ruser avec moi, entraver ma volonté et m'imposer la vôtre! Non, mes amis, il n'en sera pas ainsi; car tandis que, sous les verrous, vous me maudirez tout à votre aise, débarrassé de votre incommode présence, à l'abri de vos dangereux propos, je contracterai le plus heureux et le plus brillant des mariages passés, présents et futurs!... Piazetta! Piazetta! je te plains, ma toute belle, mais c'est toi qui l'as voulu, gentille et adorable femelle! Ainsi disait en souriant, et le cœur rempli d'une douce ivresse, le marquis de Chaverny, après avoir appris l'arrestation de Georges. Décidement, c'était le bon temps que celui où un amant titré pouvait à son gré, et au moyen d'une lettre de cachet, se débarrasser des gens dont la présence ou les conseils entravaient les projets amoureux!

XVI

CAUSERIE

Le lendemain du jour où Robert faisait cette dernière réflexion, l'un de ses gens vint lui apporter une petite lettre parfumée. Ayant aussitôt deviné une écriture de femme en voyant la suscription, notre jeune homme s'empresse de rompre le cachet armorié et de lire les lignes suivantes avec autant de surprise que de contrariété.

« Mademoiselle de Miremont prie monsieur le marquis de
« Chaverny de vouloir bien se rendre chez elle au reçu de sa
« lettre; elle désire l'entretenir d'une affaire importante et
« délicate. »

— Encore une moraliste à entendre, un ennemi de plus sans doute, et un ennemi des plus redoutables, contre les ruses duquel il va falloir me mettre en garde... Corne de bœuf! tout le genre humain a donc juré de contrarier ma volonté en s'opposant à mon mariage? Ils ont beau faire, beau se liguer tous contre mon bonheur et mes riches espérances, j'épouserai en dépit d'eux tous, en restant l'amant heureux de celle qu'ils appellent mon innocente et malheureuse victime... Non, mes très-chers, ne vous en déplaise, le marquis de Chaverny ne renoncera pas à devenir l'époux de la plus belle comme de la plus riche héritière de France et de Navarre, pour devenir celui de la chevrière Piazetta.

Ainsi disait Robert avec dépit, lorsqu'on vint lui annoncer la visite de Gaston, qui se présenta à lui le front soucieux, et fût silencieusement s'enfoncer dans une moelleuse bergère.

— Malpeste! qu'as-tu, mon bon? pourquoi ce visage soucieux? interrogea Robert en souriant.

— J'ai, que j'ai tant de choses à te dire, à te demander, à exiger de ton amitié, que je ne sais par quel bout m'y prendre, répliqua Gaston.

— A ton aise, ami, rassemble tes idées, prends tout ton temps, d'autant mieux que je vais, en t'attendant, vaquer à ma toilette, afin de me rendre à l'appel galant que vient de m'adresser, dans un gentil billet, une des plus jolies femmes du monde.

— T'habiller, t'occasionner des distractions, du tout! Assieds-toi, puis écoute, car ce que j'ai à te dire est chose des plus sérieuses.

— Alors, hâte-toi, car les choses sérieuses ont l'art de m'ennuyer à mourir, fit Robert en s'asseyant nonchalamment à côté de Gaston.

Gaston, s'armant alors d'un ton sérieux et solennel, entama le chapitre difficile en ces termes:

— Robert, je viens te supplier de renoncer à ton mariage avec mademoiselle de Croie, et cela au nom de la sainte amitié qui nous unit. Plus encore, te supplier de m'apprendre ce que tu as fait de Piazetta et de Georges, tous deux disparus depuis hier, sans doute de par ta volonté et ta toute-puissance.

— Très-cher, avant de répondre à de pareilles exigences, qui me semblent aussi ridicules qu'impertinentes, apprends-moi en quel but et de par quel ordre tu oses venir me les signifier, reprit Robert d'un ton railleur et demi-sérieux.

— Parbleu! de par la volonté et le caprice de mademoiselle de Miremont; ne t'en doutes-tu pas?

— Si, très-bien!

— Robert, j'adore cette céleste et fantasque créature, que je perds si tu épouses mademoiselle de Croie; telle est la condition que la cruelle m'impose... qu'en dis-tu?...

— Que j'en suis désolé pour toi, mon bon; mais, s'il en est ainsi, j'épouserai et tu n'épouseras pas.

— Dans ton égoïsme, cruel ami, me refuseras-tu aussi de me renseigner sur le sort de Georges et celui de Piazetta?

— Tout de même, d'autant mieux que j'ignore ce qu'ils sont devenus.

— Tu mens, Robert!

— Si tout autre que Gaston me jetait à la face ce démenti, je lui ferais faire à l'instant même connaissance avec la pointe de mon épée, répliqua Robert avec vivacité.

— Si la volonté de tout suivre que celle de Robert portait obstacle à mon bonheur, la mienne épée l'aurait déjà brisée, répliqua Gaston sur le même ton. Ça, voyons, Robert, point de fanfaronnades entre nous; Vénus veut que tu épouses Piazetta, qu'elle s'engage de doter richement: consens, sous peine d'y être contraint par une volonté suprême, consens, car Vénus met à ce prix mon propre bonheur.

— Encore une fois, j'épouserai mademoiselle de Croie.

— Tu ne l'épouseras pas!

— Je l'épouserai!

— Non, encore une fois!

— Qui donc m'en empêchera, sang-dieu? s'écria Robert avec colère.

— Qui! Vénus, le roi et moi.

— Voilà qui est fort! Gaston, prends garde, il n'est bonne patience qui ne se lasse à la fin.

— Fâche-toi si tu le veux, mais, je te le répète, tu n'épouseras pas mademoiselle de Croie.

— Va-t'en au diable! fit Robert en se levant pour se mettre à parcourir la chambre d'un pas vif, tout en donnant les marques de la plus vive impatience.

— Alors, cher ami, je me vois contraint et à regret de t'annoncer que, pour vider cette question, nous serons forcés de nous couper la gorge, ce qui, entre nous, devra quelque peu répugner à notre délicatesse.

— Soit! Si ta vie devient un obstacle à l'union que je désire.

— Soit donc, puisque ton obstination en est une à mon propre bonheur.

— Gaston, si je te tue, j'en demande d'avance pardon à notre vieille amitié.

— Moi de même, Robert, car si je t'envoie dans l'autre monde, c'est toi qui l'auras voulu...

— C'est convenu; quand vidons-nous la question?

— Patience, car il est plus que probable, mon pauvre Robert, que tu céderas de force, si ce n'est de bonne volonté, et cela sous fort peu de temps; or donc, pour ne point répandre inutilement un sang précieux, nous ferons bien, je pense, d'ajourner notre duel à quarante-huit heures; ce délai expiré, si tu n'as pas renoncé d'une façon ou d'une autre à la fille du duc de Croie, nous nous rendrons ensemble sur le terrain que tu auras choisi.

— Crois-moi, battons-nous aujourd'hui même, inutile de reculer un duel que tes exigences ridicules rendent inévitable; car, je te le répète une bonne fois pour toutes, Gaston, j'épouserai Armandine de Croie en dépit des envieux et des sots moralistes, dont cette union contrarie les projets.
— Robert, mon ami, je te dis que tu n'épouseras pas.
— J'épouserai, corbleu!
— Vénus saura bien te prouver le contraire, et, pour cela, il suffira de quelques mots échappés de ses lèvres charmantes.
— Alors, je ferai sagement en ne les écoutant pas. Chargetoi donc, Gaston, de m'excuser auprès de mademoiselle de Miremont, si je ne me rends pas à l'aimable invitation que renferme ce billet signé de sa main, répliqua Robert en prenant sur la table la lettre de Vénus pour la présenter ouverte à Gaston, qui s'empressa d'en prendre connaissance, pour s'écrier aussitôt après l'avoir lu :
— Robert, si tu restes sourd à cet appel, tu es un homme coulé bas, mou cher.
— Ah! tu penses, dit Robert en riant.
— Je te le répète, un homme coulé à fond de cale.
— Gaston, permets, très-cher, que j'achève ma toilette; car ce matin m'attend avec impatience ma belle future, à qui je brûle moi-même de faire ma cour.
— A ton aise; quant à moi je ne te cacherai point que je retourne de ce pas vers ma tout adorée lui faire part, mot à mot, de notre entretien, ainsi que de ta suprême décision. Sans rancune, Robert, et Dieu veuille, ce que j'espère, nous dispenser d'en venir aux armes, en arrangeant les choses pour le mieux et au gré de tous... Un dernier mot encore : veux-tu m'apprendre ce que tu as fait de Piazetta et de Georges?
— Non! fit sèchement Robert.
— Adieu donc, entêté.
Et cela dit, Gaston s'éloigna vivement pour retourner à l'hôtel de Presle où l'attendait Vénus.
Le lendemain de cet entretien, M. le lieutenant de police recevait une lettre de la main du premier ministre, le prince de Bourbon-Condé, laquelle renfermait l'ordre de faire chercher avec soin une jeune fille nommée Piazetta, ainsi qu'un jeune homme ayant nom Georges Bonnard, disparus tous deux le même jour, et qu'on supposait avoir été arrêtés sur une lettre de cachet, d'après l'instigation du marquis de Chaverny. Cette lettre renfermait encore l'ordre de donner au plus tôt avis des démarches entreprises à ce sujet.

XVII

UNE DÉCEPTION

Ce jour qu'on est convenu d'appeler le plus beau de la vie, et qui souvent n'est pour quelques-uns que le terme fatal du repos et de la liberté, le jour de son mariage, attendu avec tant d'impatience, s'était enfin levé gracieux et souriant pour Robert.

A cette occasion, tout était en émoi dans le riche hôtel du duc de Croie, dont l'immense cour, vers dix heures du matin, était encombrée de riches carrosses armoriés, et les salons d'une foule de nobles et puissants personnages, conviés aux noces de la belle et riche Armandine de Croie.

Robert, heureux et fier, aidait le duc à faire les honneurs de la maison en attendant la venue de la mariée, de qui les couturières et les femmes de chambre s'empressaient de terminer la riche toilette à grand renfort d'épingles. Robert se sentait d'autant plus heureux que, n'ayant plus entendu parler de Gaston ni de Vénus, il se croyait à l'a'ri de leurs menaces et de toutes tentatives de leur part pour empêcher un mariage qui, dans peu d'instants, allait s'accomplir dans la chapelle de l'hôtel, où déjà les attendait le saint ministre appelé pour bénir cette union.

Encore un moment d'attente, et un murmure approbateur salua l'entrée dans le salon, de la jeune mariée qui, magnifiquement parée, ornée du bouquet virginal, apparaissait, timide et tremblante, aux regards enchantés de sa famille et de ses amis.

— Robert, dit le duc de Croie en plaçant la main de sa fille dans celle du jeune homme, Robert, je vous sais digne de toute ma confiance, aussi suis-je fier et heureux de vous donner ma fille bien-aimée, de vous confier le soin de son bonheur, convaincu que vous remplirez la mission que je vous confie, et me remplacerez près d'elle en bon mari et comme doit le faire un homme qui, comme vous, n'a jamais failli à l'honneur. Soyez heureux, mes enfants, et que le bonheur soit votre partage.

En terminant ces paroles, le vieillard levait la main pour bénir Robert et sa fille, qui, tous deux s'étaient agenouillés devant lui, lorsqu'une jeune fille, tenant un jeune enfant dans ses bras, entra précipitamment dans le salon et vint poser sa main sur l'épaule de Robert, qui, reconnaissant Piazetta et son enfant, se releva tremblant et plus pâle que la mort.

— Marquis de Chaverny, c'est la pauvre fille que vous avez violée traîtreusement, abandonnée et fait jeter en prison pour mieux trahir les serments que vous lui avez faits, qui vient, avec son enfant, le vôtre, vous sommer de remplir vos promesses, de lui rendre l'honneur! Robert, vous m'appartenez, car vous avez juré devant Dieu de n'avoir jamais pour épouse une autre femme que la mère de votre enfant.

Ainsi parlait Piazetta d'une voix imposante, en fixant sur Robert pétrifié un regard sévère et fascinateur.

— Cette fille ment, je ne la connais pas! balbutia Robert d'une voix tremblante et saccadée.

— Cette fille dit la vérité, monsieur, et je rends grâce au ciel qui l'a envoyée ici, assez à temps, pour préserver ma fille du malheur et de la honte d'être la femme d'un libertin et d'un parjure, prononça le duc de Croie d'un accent courroucé, tout en pressant dans ses bras sa jeune fille que les larmes suffoquaient.

— Sortez, monsieur, sortez! ajouta le vieillard d'une voix forte et menaçante, en indiquant la porte du doigt à Robert qui, confus, la rage au cœur, se disposait à obéir à cet ordre humiliant, lorsque de nouveaux personnages à la mine sinistre envahirent le salon.

— Au nom du roi, je vous arrête, monsieur de Chaverny, fit l'un des nouveaux venus en portant la main sur l'épaule de Robert, qui s'empressa de reculer et de porter la main à la garde de son épée.

— Toute résistance serait inutile, monsieur, nous sommes en force; car la rébellion aux ordres de Sa Majesté, gardez-vous d'aggraver votre position, reprit l'exempt en avançant la main pour recevoir l'épée que Robert se décida de lui remettre après un instant d'hésitation.

— Je me rends aux volontés du roi, messieurs; mais malheur! oh! oui, malheur à ceux qui, par la ruse et l'imposture, ont su m'attirer sa disgrâce, dit le marquis, tout en jetant à Piazetta un regard courroucé, auquel la jeune fille ne répondit que par un sourire railleur et dédaigneux.

XVIII

LE COFFRET MIRACULEUX

Sachons maintenant comment il se fait que Piazetta, que nous avons vu conduire aux Madelonnettes, a été rendue à la liberté assez à temps pour venir, par sa présence et ses révélations, mettre obstacle au mariage de Robert avec la fille du duc de Croie.

Le lecteur se rappelle sans doute certain message envoyé au lieutenant de police et signé du premier ministre, lequel contenait l'ordre exprès de faire chercher Piazetta et Georges. Quelques heures avaient suffi au lieutenant pour connaître les prisons où avaient été conduits les jeunes gens et leur en faire ouvrir les portes.

Libre, Piazetta s'était aussitôt élancée vers l'hôtel de Presle, où la marquise et Vénus, joyeuses de la revoir, s'étaient empressées de la serrer dans leurs bras, et par leurs douces et amicales caresses, d'apaiser les larmes de la jeune fille qui, sur leur invitation, raconta son arrestation au moment où elle se disposait à entrer dans l'hôtel de Croie.

— Piazetta, dit Vénus, reprenez courage, car vous voyez en ma belle cousine et moi, deux amies dévouées, deux protectrices prêtes à vous seconder dans tout ce que vous entreprendrez pour la réparation de votre honneur. Non, Robert n'épousera pas mademoiselle de Croie, et il recevra la juste punition de sa lâche conduite à votre égard.

— Piazetta! chère fille, apprenez que, grâce à la puissante intervention de notre cousine de Presle, la protection de monseigneur le prince de Bourbon-Condé vous est acquise, et que c'est à elle seule que nous sommes redevables de votre liberté, ainsi que de celle de Georges qui nous a été rendu ce matin.

A peine Vénus terminait-elle gaiement ces paroles, que la porte s'ouvrit pour donner entrée à Georges portant sous son bras une jolie cassette en bois de rose, ornée d'élégantes et délicates ciselures. Le jeune homme, en apercevant Piazetta, laissa échapper un cri de joie, puis il courut prendre la main de la jeune fille pour la porter à ses lèvres.

— Georges, embrassez donc votre meilleure amie, dit la jeune femme en présentant son charmant visage, sur la joue duquel Georges s'empressa de déposer un baiser, tout en rougissant de bonheur et de plaisir.

— Maintenant, mon ami, reprit Piazetta, expliquez-moi comment il se fait que cette cassette se trouve entre vos mains, car il me semble la reconnaître pour celle que ma mère conservait religieusement, et qui renfermait nos papiers de famille.

— Ce petit meuble, Piazetta, m'a été confié par votre mère mourante, pour le remettre en vos mains. si jamais j'avais le bonheur de vous retrouver un jour, et si je ne me suis pas acquitté plus tôt de cette sainte commission, c'est que, craignant de l'égarer à Paris, je l'avais confié à un vieux parent de Marseille, avant de quitter cette dernière ville.

— Le travail de cette cassette est admirable ! quelle forme gracieuse ! quelle délicatesse ! s'écriait madame de Presle, tout en admirant le petit meuble.

— Piazetta, comment votre mère s'est-elle procuré ce précieux coffret ? s'informa Vénus en admiration.

— Je l'ignore, mais je sais qu'elle y était fort attachée et le conservait précieusement. Je me rappelle encore que, souvent, elle me disait : « Enfant, si tu venais à me perdre, ne te sépare pas de ce coffre; un jour, si un heureux hasard le plaçait sous les yeux de celui qui m'en a fait don, peut-être, alors, les souvenirs qu'il réveillerait en lui disposeraient-ils son cœur en ta faveur, et tu serais heureuse, pauvre enfant ! »

— Telles furent les paroles qu'en rendant son âme à Dieu elle me chargea de vous rappeler, Piazetta, dit Georges.

— Croyez, mon ami, que je ne les avais point oubliées, et que je vous suis reconnaissante du bonheur que vous venez de me causer en me rendant ce doux présent de ma mère.

— Mais, je n'y vois pas de serrure; par quel moyen s'ouvre-t-il et se ferme-t-il? demanda madame de Presle, fort curieuse de connaître ce que pouvait renfermer le coffret.

— En appuyant le doigt sur ce petit bouton, répondit Piazetta, tout en faisant jouer un ressort qui souleva le couvercle.

— Mais il est vide, fit vivement la marquise desappointée.

— Oui, reprit tristement Piazetta non moins surprise.

— N'importe ! suivez de même les conseils de votre mère, Piazetta, en conservant ce meuble, qui, comme vous l'annonça la bonne Gasparine, peut un jour devenir pour vous un précieux talisman.

Vénus achevait à peine ces mots, qu'un valet entra pour annoncer M. le prince de Bourbon-Condé.

— Qu'il soit le bienvenu, dit vivement la marquise, qui s'empressa de retenir Piazetta et Georges comme ils se disposaient à se retirer discrètement.

La porte du salon tarda peu de s'ouvrir à deux battants, et le royal visiteur se présenta souriant et gracieux.

— Marquise, vous me surprenez entourée de mes meilleurs et de mes plus sincères amis ; je les ai retenus afin de leur faire partager l'honneur et le plaisir que me cause votre présence chez moi, dit la marquise.

— Je vous sais grâce de cette aimable prévenance, marquise ; vous ne pouviez me procurer une plus douce satisfaction que celle que j'éprouve en ce moment en admirant les ravissantes figures de ces jeunes femmes, ainsi que la bonne mine de ce grand garçon, à qui, Dieu me damne, ma présence semble imposer, termina le grand seigneur, en fixant Georges qui, timide et modeste, s'était retiré dans l'embrasure d'une croisée.

— Monseigneur, dit Vénus, ce jeune homme et cette jolie personne sont deux amis qui vous rendent grâce pour la bonne protection que vous leur avez accordée, en les rendant à la liberté que leur avait ravie le marquis de Chaverny.

— Ah ! ah ! voilà donc cette charmante héroïne ! En effet, elle me semble fort intéressante et légitime l'aimable intérêt que vous lui portez, mes chères dames, disait le prince en prenant avec aménité la main blanche et mignonne de Piazetta, qu'il fixait avec une grande attention, pour ensuite reprendre en ces termes :

— Je ne sais, mais il me semble que déjà pareil gracieux visage s'est offert à ma vue, je ne puis préciser au juste, mais ces jolis traits ne me sont point tout-à-fait inconnus... De quel pays êtes-vous, mademoiselle?

— Ma mère était Romaine, monseigneur, moi je suis née à Livourne.

— A Livourne ! exclama le prince avec surprise, comme si le nom de cette ville réveillait en lui un important souvenir. Comment se nommait votre mère?

— Piazetta, comme moi.

— En effet ! elle et sa famille habitaient Tivoli...

— Oui, monseigneur, mais elle quitta bien jeune ce pays pour venir habiter Livourne.

— Où elle épousa celui qui fut votre père, sans doute?...

— Non, monseigneur, répondit Piazetta avec timidité.

— Elle ne se maria donc jamais?

— Si, à Marseille.

S'apercevant que ces questions simultanées dont elle ne pouvait comprendre le but semblaient vivement contrarier la jeune fille, et afin de donner un autre tour à la conversation, la marquise de Presle, saisissant un moment de silence où le prince paraissait livré à une profonde réflexion, tout en fixant plus attentivement encore les traits de Piazetta; la marquise donc s'était levée pour aller prendre sur une table le petit coffret et venir le présenter au prince en lui disant :

— Monseigneur, voyez donc quel délicieux travail.

Le prince n'eut pas plutôt jeté les yeux sur le coffret que l'expression de la plus grande surprise se peignit dans tous ses traits, qui pâlirent et rougirent tout à la fois, puis saisissant le coffret vivement il s'empressa de l'ouvrir, de presser un petit bouton presqu'invisible situé dans l'intérieur de la boîte, lequel fit jouer un ressort qui mit à découvert un double fond d'où s'échappa un papier que Vénus s'empressa de ramasser aux pieds du prince, qui venait de le laisser tomber.

— Donnez-moi ce papier, mademoiselle, dit vivement le duc de Bourbon-Condé, tout en l'arrachant presque de la main de Vénus, tant son impatience était grande de l'ouvrir et d'en parcourir le contenu d'un regard avide et sous l'influence d'une vive émotion.

— Monseigneur, que signifie tout ceci? Ne pourriez-vous, pour nous tranquilliser et satisfaire une curiosité bien naturelle, nous expliquer ce qui se passe en vous? interrogea la marquise moitié souriante, moitié sérieuse.

— Avant tout, mes amis, veuillez entendre la lecture de cette lettre tracée de ma main il y a près de dix-huit ans.

— Par vous ! exclamèrent les trois femmes ensemble.

— Oui, par moi, et ces lignes sont en réponse de celles que venait de m'adresser une jeune, sage et belle fille de Tivoli.

Ecoutez :

« Piazetta, encore une fois je t'aime; pourquoi t'alarmer d'un
« instant d'absence? pourquoi l'attribuer à l'indifférence et à
« l'abandon, lorsque tes charmes, ton amour si tendre, si éni-
« vrant a fixé mon cœur pour la vie. Un vague sentiment t'in-
« quiète, dis-tu ; un malaise que tu ne peux comprendre te fait
« craindre un affreux malheur, celui de renfermer dans ton
« sein le fruit de ta faiblesse et de notre amour. Piazetta ! ne
« suis-je pas là, si le ciel voulait qu'un jour tu me rendisses père
« pour chérir et protéger notre enfant, et vous soustraire tous
« deux à la colère, à la malédiction de ta famille.

« Calme ta douleur, essuie Piazetta, sèche tes larmes qui
« altèrent la beauté de tes yeux charmants et dispose-toi à
« revoir ton Henri, ton amant qui accourt pour te consoler,
« te protéger et te répéter cent fois : Piazetta, je t'aime, je
« t'aime ! »

Après avoir lu ces lignes, le prince promena silencieusement son regard autour de lui, comme pour recueillir la pensée de chacun.

La marquise et Vénus, toutes deux pétrifiées et muettes, échangeaient entre elles des regards où se peignait la surprise.

Piazetta, les yeux baissés, pâle et tremblante, suffoquée par les violents battements de son cœur, se sentait défaillir.

Georges, dont la dernière espérance venait de s'évanouir, tenait son visage dans ses deux mains, afin de dérober la vue des larmes qui s'échappaient de ses yeux.

Voyant chacun embarrassé et silencieux, le duc reprit enfin la parole en ces termes :

— Apprenez maintenant, mes amis, comment Henri de Bourbon-Condé qui, cachant sa naissance et ses titres sous un nom d'emprunt, et la modeste profession d'artiste peintre, était parvenu à séduire une pauvre et innocente fille, à s'en faire aimer pour lui-même, sut récompenser cet amour et son dévouement par l'ingratitude et l'abandon; car tandis que la pauvre Piazetta reprenait sans doute confiance et courage en parcourant les lignes que je viens de vous lire et que l'un de mes courriers était parvenu à lui porter et remettre en secret, moi je quittais l'Italie et courais vers la France et Versailles, où me rappelait un ordre du roi, où l'enivrement des honneurs, de nouvelles amours me firent entièrement oublier Piazetta. Ceci fut bien mal, n'est-ce pas? Cependant, un jour je me rappelai mes torts envers une infortunée et je voulus les réparer ; pour cela je fis partir pour Rome un homme de confiance chargé de prendre des informations à Tivoli pour retrouver Piazetta et me l'amener si, m'aimant encore, elle consentait à me revoir, de venir se fixer auprès de moi ; mais hélas ! cet homme revint seul et pour m'apprendre que, sur le point de devenir mère, chassée et maudite par sa famille, la pauvre Piazetta avait quitté son pays pour ne plus y revenir.

— Monseigneur ! fit aussitôt Vénus en voyant le duc se taire ; la mère a cessé d'exister, dites-nous maintenant ce que doit attendre et espérer sa pauvre fille, comme elle, victime de la séduction et de l'abandon ?

— Ce qu'a droit d'attendre un enfant de son père, amour et protection...

Puis s'adressant à Piazetta :

— Enfant, lui dit-il d'une voix saccadée par l'émotion, je réparerai envers toi les torts que j'eus envers ta pauvre mère !

Piazetta, que suffoquaient les pleurs, n'eut la force que de tomber humble et tremblante aux pieds de son père, qui s'empressa de la relever pour couvrir son front de baisers et de larmes d'attendrissement.

— Oh oui! reprit Henri de Bourbon, tu es bien la fille de ma Piazetta, car, comme elle, enfant, tu es belle et sensible. Pardonne donc aussi comme elle me pardonnerait si le ciel nous l'avait conservée. Piazetta, oublie les torts de ton père pour ne plus penser qu'à l'aimer comme il t'aimera, car si sa naissance et son nom l'empêchent de te proclamer publiquement sa fille, son cœur te chérira et te reconnaitra toujours comme telle. Piazetta, malheur à l'homme qui a osé t'imprimer le déshonneur par la ruse et la violence, oh oui! malheur à lui, s'il ne consent à réparer son crime en devenant ton époux, en donnant un père à ton enfant.

Ainsi disait le duc en caressant sa fille, dont il ne se détacha que pour prendre aussitôt la plume et signer la lettre de cachet en vertu de laquelle trois jours après Robert voyait son mariage et ses espérances éteints, puis sa personne conduite à la Bastille.

XIX

A LA BASTILLE

— Allons, mon cher Robert, moins de tristesse, je t'en conjure, et tiens-nous tête comme un franc viveur ; sois enfin ce que nous t'avons connu hors des murs de cette noire prison, au milieu de nos joyeuses orgies, c'est-à-dire bon buveur et gai convive.

Ainsi disait certain petit vicomte au marquis de Chaverny, triste et pensif, au milieu d'un souper et entouré de quatre jeunes compagnons d'infortune, prisonniers comme lui à la Bastille.

— Malpeste ! de la Renauderie si, ainsi que moi, il y a deux jours tu étais tombé du faîte du bonheur dans un noir abîme, tu ne ferais certes pas meilleure figure, répliqua Robert avec humeur et vivacité.

— Crois-tu donc que tu sois seul ici, victime d'une cruelle déception ? Moi, par exemple, que d'infâmes exempts ont eu la barbarie d'arracher des bras, de ravir aux baisers de Brigitte, la plus délicieuse et friponne danseuse de l'Opéra, pour venir me claquemurer dans ce noir donjon, et cela de par l'ordre du roi.

— Qui certes est fort innocent du fait, reprit l'un des convives.

— Et moi donc qui, un quart d'heure plus tard, trompant la vigilance des suppôts de la justice, échappais à cette injuste captivité en emportant sous mon bras la plus jeune, comme la plus séduisante de toutes nos présidentes ; femme sensible, affolée de mes qualités et que j'allais cacher aux regards de son ridicule mari, au fond d'un vieux château que je possède dans les Vosges, et dont mon intendant m'a révélé l'existence.

— Aussi, malheureux, pourquoi oses-tu t'en prendre à notre parlement? Donc tu as mérité ton sort, mon cher de Grégny, tandis que ce bon et vertueux Robert s'est vu, lui, privé de sa liberté au moment même où il allait nous donner à tous un exemple morel en devenant époux légitime, en renonçant par cet acte respectable aux joies perfides de ce monde.

— Oui, au moment où j'allais devenir l'heureux possesseur de la plus belle comme de la plus riche des filles passées, présentes et futures, soupira Robert en plaçant sa tête dans ses deux mains.

— Ah çà ! ne pourrais-tu, très-cher, nous dire à qui tu es redevable de cette déception diabolique qui à elle seule vaut cent coups d'épée ? demanda gaiement de la Renauderie.

— Certes ! à un charmant démon femelle intitulé Vénus de Miremont qui, je ne sais trop à propos de quoi, s'est déclarée la protectrice des filles séduites et délaissées.

— Voilà, ma foi, une sotte manie !

Au même instant où ces dernières paroles venaient de sortir de la bouche de l'un des jeunes convives, la porte de la chambre s'ouvrit et un guichetier, au nom du gouverneur de la forteresse, intima l'ordre à Robert de se rendre à sa chambre à l'instant même, afin d'y recevoir et entendre un envoyé du Roi.

— C'est ta grâce, ta liberté que t'apporte cet heureux messager, très-cher ; hâte-toi donc et surtout n'aie garde de quitter ces noirs donjons sans recevoir l'adieu des amis et de vider un dernier verre avec eux.

— Je m'y engage, foi de marquis, mes bons amis, répondit Robert presque joyeux, pour aussitôt s'empresser de suivre le guichetier à travers de longs et étroits corridors jusqu'à la chambre qu'il occupait depuis deux jours qu'il était à la Bastille.

— Comment c'est toi ! exclama le prisonnier en entrant dans ladite chambre et reconnaissant, dans l'envoyé de sa Majesté royale, son ami Gaston.

— Moi-même, mon bon Robert. J'ai été choisi par son excellence le premier ministre pour t'apporter cette bonne nouvelle. Son Altesse Royale le prince de Bourbon-Condé vient t'offrir la liberté, les honneurs et la fortune.

Sois le bienvenu, alors, cher Gaston, et hâte-toi de m'instruire... Le roi, n'est-ce pas, honteux de son injustice à mon égard, me rend la liberté, à ma belle Armandine, au bonheur enfin !

— Le roi, mon bon, te rend, comme tu le dis fort bien, à la liberté, aux amours, au bonheur, mais à la condition expresse que tu épouseras à l'instant même, ici, dans la chapelle de la Bastille, sa petite cousine, charmante et bonne créature s'il en fût.

— Tu plaisantes, sans doute, Gaston. Le roi veut, dis-tu, que j'épouse une de ses parentes.

— Oui, très-cher, rien que cela ; et qui plus est, cette illustre alliance, en sus de cent mille écus de dot, échange ton blason de marquis contre celui de comte ; hein ! qu'en dis-tu ?...

— Que tout cela est fort séduisant, seulement il doit y avoir une anguille sous roche, un revers de médaille que je ne puis deviner et que tu vas m'expliquer.

— Cher ami, je ne t'expliquerai rien, seulement j'ajouterai, afin de remplir fidèlement la mission dont je me suis chargé, qu'une détention perpétuelle, dans cette prison, serait le résultat infaillible du refus que tu oserais apporter à l'accomplissement du mariage projeté, dit Gaston d'une voix timide et flûtée.

— Voilà qui est fort et soulève en moi de bizarres soupçons, s'écria vivement Robert. Gaston, je n'en sais plus que tu n'oses en dire... Allons, parle ; au nom de notre vieille amitié, apprends-moi d'où vient l'excès d'honneur ou d'infamie que l'on veut m'imposer.

— Ce que je puis te dire, c'est qu'il s'agit pour toi de devenir le mari d'une princesse du sang royal, le mari d'une jeune, belle, bonne et sage demoiselle, à laquelle tu n'auras pas le plus petit reproche à adresser ; le mari d'une fille, enfin, dont l'alliance sera pour toi une source de bonheur, de dignités et de richesses. Maintenant, décide-toi, car, pour cette heureuse union, la mariée t'attend à l'autel dont les cierges s'allument ; mieux encore, ce qui me navre de douleur et de crainte, c'est que, en prévision d'un refus de ta part, un geôlier, en ce moment, s'empresse de répandre la paille dans le cachot qui t'est destiné pour demeure. Choisis donc et prononce.

— J'accepte, répliqua brusquement Robert, mais, si dans ce mariage que m'impose une volonté que je ne puis braver, je devais trouver le déshonneur ou le ridicule, malheur! oh! oui, malheur à ceux qui l'auront imposé, malheur encore à celle dont on m'aura forcé de devenir l'époux!

— Ta! ta! ta! bavarde, invente mille chimères plus ridicules les unes que les autres, mais tout en me suivant le plus tôt possible, car le temps presse et l'on nous attend.

Comme Gaston prononçait ces derniers mots, un bruit se fit entendre dans le corridor, celui de plusieurs crosses de fusil frappant ensemble le parquet.

— Cher ami, reprit Gaston, ceci t'annonce que le piquet, chargé de te servir de garde d'honneur pour te conduire à l'autel ou dans certain cachot, nous attend derrière cette porte; c'est à dire qu'il faut le hâter.

— Marchons! fit Robert en se dirigeant vers la porte, qui, s'étant ouverte, laissa voir, ainsi que Gaston venait de l'annoncer, un piquet de soldats qui, l'officier en tête, s'empressa de le saluer en lui présentant les armes.

— Diable! ceci promet et je commence à croire, à ces honneurs que me rendent ces messieurs, qu'il y a quelque peu de royauté sous jeu, dit gaiement Robert à Gaston.

— Crois-moi, très-cher, tu es cent fois plus heureux que tu ne le mérites. Vrai! il n'y a rien de tel qu'un mauvais sujet pour avoir du bonheur.

Tout en discutant ainsi, après avoir franchi de longs couloirs, traversé plusieurs cours, les deux amis atteignirent la chapelle de la forteresse, dans laquelle ils furent introduits.

Ainsi que l'avait annoncé Gaston, l'autel était allumé et paré; le prêtre, revêtu de ses ornements sacerdotaux, les attendait sur les marches. Plusieurs personnages inconnus les saluèrent à leur entrée ainsi qu'une femme, à l'allure gracieuse, à la taille élancée et svelte, richement parée et dont un voile épais dérobait le visage.

— Voilà ta future, Robert. Allons, point d'hésitation, car pour toi c'est le bonheur et la liberté, murmura doucement Gaston en poussant Robert vers la jeune femme qui s'avançait à sa rencontre pour lui présenter une main mignonne dont il s'empara délicatement.

— Avant de contracter un mariage qu'on nous impose à tous deux, permettez, mademoiselle, au marquis Robert de Chaverny de vous parler avec franchise.

— Je vous écoute, monsieur, répondit une voix douce et timide.

Un ami vient de m'assurer qu'en donnant mon nom à la femme que l'on m'impose en vous, mon honneur et ma susceptibilité ne courent aucun risque. J'ose le croire, mademoiselle, et, malgré la singularité et tout le mystérieux qui entourent cette alliance, je m'y soumets sans trop de scrupule, même en promettant respect et tendresse à l'épouse irréprochable. Mais, si contre mon attente et ce que je ne puis croire, on avait employé, envers moi, l'arbitraire et la contrainte pour me rendre la dupe d'une honteuse union, malheur à la femme qu'un coupable passé rendrait indigne de mon estime et du nom que je vais lui confier.

« Maintenant, mademoiselle, ajouta Robert, il ne me reste plus qu'à solliciter de votre bonne confiance une précieuse faveur, celle de me permettre d'admirer votre charmant visage.

— Non pas! Ceci n'entre nullement dans le programme, cher ami, s'écria vivement Gaston qui venait d'entendre et surtout en voyant la jeune fille porter vivement la main à son voile.

— Quoi, ose-t-on pousser la tyrannie au point de prétendre me dérober les traits de la femme que l'on me donne? s'écria Robert avec dépit et colère.

— Oui, mon très-bon; et cela, de par ordre supérieur.

— Alors, je retire ma parole, dit le marquis en lâchant la main de la jeune fille.

— Robert, cher ami, au nom du ciel! pas d'imprudence; pense au cachot où un refus peut te plonger à perpétuité, souviens-toi de mes paroles, et qu'il y a pour toi félicité et gloire dans cette heureuse union, reprit vivement Gaston tout en replaçant la main de la jeune fille dans celle de Robert, qui la reprit machinalement.

— Pour Dieu, mademoiselle, s'il vous est absolument défendu de me montrer votre visage, veuillez au moins m'apprendre quel puissant motif vous force, jeune, riche et belle, que l'on voit être, à prendre pour époux un homme que vous ne connaissez pas, et qui n'accepte votre main que parce qu'il y est contraint par une volonté tyrannique! disait Robert avec emportement, lorsque le gouverneur de la Bastille s'approcha de lui pour lui indiquer du doigt le cadran d'une horloge placée au-dessus de la porte de la chapelle, dont l'aiguille, en ce moment, marquait minuit moins cinq minutes.

— Monsieur de Chaverny, j'ai l'honneur de vous prévenir que, lorsque la douzième heure de la nuit sonnera à cette horloge, si votre mariage n'a point été prononcé, j'ai ordre de vous conduire au cachot qui vous est destiné. Telle est la volonté du roi, dit le gouverneur d'un ton sévère qui fit tressaillir Robert malgré lui.

— Monsieur, je vous avouerai que, devant une pareille menace, et dans la perspective d'une horrible agonie, le courage m'abandonne, et que ma volonté se soumet; qu'il en soit donc ainsi que l'ordonne le roi, répliqua Robert en s'efforçant de maîtriser la colère et l'indignation qui soulevaient sa poitrine et agitaient tout son être, pour ensuite marcher vers l'autel d'un pas vif, en y entraînant la jeune fille.

Tous deux s'agenouillèrent, et, d'une voix basse, dont les sons ne parvinrent qu'à peine jusqu'à l'oreille des mariés, le prêtre prononça leur union.

XX

RUPTURE

Après la sainte cérémonie, ce fut dans les appartements du gouverneur que furent conduits les nouveaux mariés accompagnés des personnes qui avaient assisté à leur mariage, et parmi lesquelles Gaston figurait comme un des principaux témoins.

Arrivés au salon, dont le gouverneur leur fit les honneurs du ton le plus poli et le plus gracieux, Robert qui, depuis la sortie de la chapelle, avait gardé le silence, le rompit brusquement pour s'adresser en ces termes et d'un ton railleur à sa nouvelle épouse:

— Je pense, madame, que, maintenant que nous sommes mariés, vous daignerez au moins vous révéler à moi, et, me montrant vos traits charmants, me permettre d'admirer la femme que l'on vient de m'octroyer le poignard sur la gorge?

— Volontiers, monsieur, répondit la jeune femme en soulevant son voile, pour montrer un visage froid et dédaigneux à Robert.

— Piazetta!... s'écria le marquis frappé de surprise et en reculant de plusieurs pas.

— Oui, monsieur le marquis, Piazetta à qui vous venez de rendre l'honneur, en lui donnant votre nom; Piazetta dont, en signant le contrat qui l'unit à vous, vous avez reconnu l'enfant comme étant le vôtre et l'héritier de votre nom, reprit Piazetta avec assurance.

— Trahison! infamie! moi, le mari d'une chevrière! trompé à ce point!... Est-ce donc en humiliant la noblesse de son royaume, en la couvrant de fange, que le roi espère s'en faire une alliée fidèle et le soutien de son droit?... Mille dieux! j'en appellerai au parlement, à la France entière, de l'odieux affront qu'on vient d'imprimer à mon blason!...

« Et vous, madame, qui, sous prétexte de laver votre honneur, n'avez pas craint d'employer une ruse odieuse, de braver ma colère pour satisfaire vos ambitieux projets, soyez certaine, qu'à dater de ce jour, tous mes instants, tous mes efforts seront consacrés aux démarches nécessaires pour rompre le lien honteux qui vient de m'attacher à vous; à vous! que j'ai pu aimer un instant et que maintenant je hais et méprise...

« Quant à vous, beau chevalier, qui pour vous faire bien venir de votre belle, vous vous êtes fait le principal acteur de cette ridicule comédie, dans laquelle vous m'avez donné le rôle de dupe, à vous, ma rancune, à vous de me rendre raison de votre perfidie, ajouta Robert, en s'adressant à Gaston, dont le sourire incessant le moqueur l'exaspérait.

— Nous battre, allons donc! Ce sont tes remerciements, ta reconnaissance, très-cher, sur lesquels je compte, lorsque tu connaîtras à fond le service éminent que je viens de te rendre, lorsque tu sauras...

— Silence, monsieur de la Peyronie, fit Piazetta en quittant le siège sur lequel son émotion l'avait contrainte de s'asseoir, pas un mot de plus pour vous justifier d'un fait dont vous êtes innocent; quant à vous, monsieur de Chaverny, il est pour vous un moyen de rompre sans bruit ni scandale une union que vous regrettez, à laquelle je ne me suis, moi-même, soumise qu'à regret, mais que rendaient nécessaire l'honneur d'une mère et celui de son enfant; celui, enfin, d'une séparation éternelle entre nous, et pour cela, monsieur le marquis, il ne s'agit que de signer cet acte qui vous rend votre liberté, et vous ôte tous les droits à ma personne...

« Signez, monsieur, et sans hésiter, car la chevrière Piazetta, qui ne s'est faite votre femme que par nécessité, et pour effacer de son front le stigmate de honte que vous lui avez imposé par l'audace et la ruse, ne ressent pour vous qu'indifférence et mépris. Marquis de Chaverny, délivrez-moi du supplice d'être votre compagne, le témoin de votre vie licencieuse... Signez, vous dis-je, signez! terminait Piazetta, tout en déposant sur une table un papier qu'elle venait de tirer de son sein.

— Ainsi, cela est notre acte de séparation? demandait Robert tremblant de colère, tout en prenant la plume.

— Oui, répondit Piazetta.

— Alors, qu'il en soit selon notre mutuel et plus cher désir, dit Robert en signant, sans même s'être donné la peine de prendre connaissance de l'acte, dont Piazetta s'empara vivement pour le replier et le mettre dans sa poche.

— Monsieur de Chaverny, vous êtes libre, dit le gouverneur à Robert.

— Et nous, madame la marquise, retournons près des amis qui nous attendent avec la plus vive impatience, fit d'un accent railleur une voix douce que Robert, stupéfié, reconnut pour celle de Vénus qui, sous des habits d'homme, venait d'assister à la bénédiction, ainsi qu'à la rupture du mariage.

Robert regarda longtemps s'éloigner Piazetta, qui le quittait sans même lui avoir adressé un salut.

— Cher, à quand le déplaisir de nous couper la gorge, ainsi que le souhaite ta gracieuseté? dit encore Gaston à Robert qui, absorbé en ce moment par une pensée sérieuse, ne voyait, ni n'entendait, et, saisi d'un transport soudain, s'élança rapidement hors du salon, pour aussitôt sortir de la Bastille, et courir s'enfermer dans son hôtel.

Huit jours après ces derniers événements, l'hôtel de la marquise de Presle était brillamment illuminé, et sa cour encombrée de riches équipages. Une musique délicieuse, des cris de joie, saluaient dans cette riche demeure l'heureux et désiré mariage de Gaston de la Peyronie avec la belle Vénus de Miremont. Un bal féerique auquel assistait tout ce que la cour et la ville avaient de plus grands et de plus nobles seigneurs, venait de succéder à un magnifique repas.

A travers les salons et la foule nombreuse qui les remplissait, Gaston, au comble de ses vœux, et plus fier qu'un roi, se promenait la tête haute, le sourire du bonheur sur les lèvres.

C'est qu'il était devenu l'heureux possesseur de la plus aimable comme de la plus belle des femmes; c'est qu'il savait que chacun enviait son bonheur, tout en l'accablant de félicitations.

Un sujet cependant altérait un tant soit peu la félicité dont jouissait notre nouveau marié; celui de ne pouvoir compter son cher Robert au nombre des invités à ses noces; Robert, que Vénus, par un juste arrêt, avait à jamais banni de sa présence; Robert, qui ne donnait plus signe de vie et que l'on disait être mort de honte et de colère, au fond de ses appartements, dont nul ne l'avait vu sortir depuis huit grands jours.

— Le malheureux! avoir renoncé non-seulement à tant de charmes et de belles qualités mais encore au riche et glorieux titre que lui assurait celui de gendre d'un prince royal, d'un Condé!... Ah! pauvre Robert, quelle imprudence tu as commise! Ainsi murmurait Gaston en apercevant de loin Piazetta se promenant au bras de la marquise de Presle, dont elle était devenue le Benjamin; Piazetta qui n'était plus la pauvre fille triste et timide, dont le front se courbait sous le poids de la honte que lui infligeait le déshonneur, mais bien une gracieuse jeune femme, fière de sa naissance, de ses titres d'épouse, de mère et de comtesse de Chaverny; Piazetta, enfin, gaie et souriante, dont la riche parure de fleurs et de diamants qu'elle portait, rehaussait encore l'éclat de sa rare beauté.

Le deuxième jour après son heureux mariage, Gaston, plus amant que mari, était seul près de sa jolie femme, à qui, un genou en terre et de l'air le plus câlin, il débitait mille tendres et charmants propos, que la dame écoutait avec plaisir et complaisance, lorsqu'un valet interrompit cet heureux tête-à-tête pour remettre à Gaston une lettre scellée du sceau de l'État.

— Qu'est-ce que cela, mon ami? s'informa vivement Vénus, en voyant son mari rougir et pâlir tour à tour à la lecture de ladite lettre.

— Un ordre cruel, barbare, qui vient tout à la fois détruire mon bonheur et ma joie; celui de me mettre aujourd'hui même en route, afin de rejoindre mon bord, où de nouveaux ordres me seront communiqués, répliqua Gaston tout en froissant avec colère la missive fatale.

— En vérité! déjà? soupira la jeune femme de l'expression du regret et tout en prenant la main du désolé Gaston, pour la presser tendrement dans les siennes.

— Chère amie, j'en suis fâché, mais le service de Sa Majesté se passera de moi! je n'aurai garde d'obéir à cet ordre intempestif.

— Gaston, vous obéirez, mon ami; tel est le devoir d'un soldat, d'un brave marin.

— D'accord; mais plus tard. Mille caronades! ils me permettront peut-être bien de passer en paix, avec ma femme, ce qu'on appelle la lune de miel!

— Lisez encore, Gaston, lisez, l'ordre est formel... Aujourd'hui même, et malgré la douleur que m'occasionne cette prompte et inattendue séparation, je vous le répéterai, mon ami, il faut rejoindre votre bord, où, je le présume, vous attend, comme cadeau de noce, quelque nouvelle faveur royale, dont il faut vous montrer digne à force d'obéissance et d'exactitude.

Tandis que les choses se passaient ainsi chez les nouveaux mariés, une autre scène plus sérieuse avait lieu dans le vaste jardin de l'hôtel, où, attirée par la beauté du temps, la verdure et les fleurs, s'était rendue Piazetta, seule et pensive, afin d'y faire quelques tours de promenade.

La jeune femme venait à peine de s'enfoncer sous une ombreuse avenue de tilleuls, bordée d'une épaisse charmille, qu'un homme sortant précipitamment du feuillage, vint l'aborder avec respect et timidité.

— Vous, Georges! fit Piazetta émotionnée en portant la main sur son cœur, comme pour en comprimer les battements que venait de lui occasionner l'apparition inattendue du jeune homme.

— Oui, moi, madame, que vous avez banni de votre présence, moi qui, devenu indigne de votre amour, de votre possession, et ayant perdu tout espoir de bonheur, viens avant de mourir vous faire un éternel adieu, dit Georges d'un accent douloureux et les yeux baignés de larmes.

— Georges, pardonnez l'exil que mon devoir d'épouse et le soin de ma réputation me commandent de vous imposer. Georges, je ne m'appartiens plus et je dois compte de toutes mes actions, de toutes mes pensées à l'homme que la nécessité m'a forcée de prendre pour mari, afin de laver la honte dont son audace m'avait souillée. Georges, Piazetta déshonorée, Piazetta la maîtresse du marquis de Chaverny, n'était plus digne de vous, de devenir la femme d'un honnête homme, et j'ai dû vous oublier pour devenir celle de mon ravisseur, afin de légitimer la naissance de mon fils et de réhabiliter sa mère aux yeux de Dieu et des hommes. Georges, le malheur qui a brisé nos cœurs et tué nos plus douces espérances, après avoir élevé entre nous une barrière insurmontable, nous commande encore aujourd'hui de nous séparer pour toujours. Partez donc en emportant pour consolation que mon cœur, qui n'aima jamais que vous, ne vous oubliera jamais.

Après ces dernières paroles, qu'elle venait de prononcer d'une voix émue et tremblante, Piazetta, pour s'éloigner, essayait de retirer sa main de celle de Georges, qui s'en était emparé et la couvrait en ce moment de larmes brûlantes. Main chérie, que la jeune femme s'empressa de retenir pour tomber à deux genoux aux pieds de la jeune comtesse et lever sur le sien un regard où se lisaient la prière et la douleur.

— Ah! reste, reste, ma Piazetta chérie, toi qui m'aimes encore, toi qui la rigide vertu nous a condamnés au malheur. Entends-tu, il est en ce moment dix ans qu'il est encore pour nous d'heureux jours si tu daignes y consentir. Piazetta! oublie un époux qui a brisé les liens qui venaient de l'unir à toi, un époux indigne qui jadis trompa et abandonna la pauvre mère, et aujourd'hui se dit être ton père, tout en n'osant te reconnaître publiquement pour son enfant. Fuyons, Piazetta, fuyons; viens sous un autre ciel vivre ensemble obscurs, mais heureux l'un par l'autre. Viens, te dis-je, et à la volonté sera la mienne. Je serai ton époux, ton serviteur, ton esclave soumis et fidèle!

— Georges, qu'osez-vous me proposer! oubliez-vous que l'honneur m'est plus cher que la vie? Fuir, dites-vous, avec vous, lorsque je suis épouse et mère; mais vous voulez donc me rendre un objet d'opprobre aux yeux de Dieu et des hommes? Insensé! qui ne se souvient plus qu'étant libre de

ma volonté, de ma personne, j'ai repoussé son généreux sacrifice, lorsqu'il m'offrait d'effacer mon déshonneur en me nommant sa femme, de reconnaître mon fils pour le sien et qui, aujourd'hui, me conseille l'adultère. Non, Georges, non, n'espérez pas... Séparons-nous pour toujours, mon ami, car votre présence en ces lieux, près de moi, est une coupable imprudence, une faute qui porterait atteinte à ma réputation si quelqu'un venait à nous surprendre. Songez, Georges, que malgré les torts du comte de Chaverny à son égard, sa femme est responsable de son honneur, et qu'elle doit en prendre soin.
— Piazetta !
— Plus un mot, reprit vivement la jeune femme; partez, soyez heureux, et n'oubliez pas que, quoique séparés pour toujours, Piazetta ne cessera jamais de penser à vous et de former des vœux pour votre bonheur.

Cela dit, et profitant de l'abattement dans lequel ces dernières paroles venaient de plonger le jeune homme qui, dans ses deux mains, cachait ses pleurs, Piazetta s'échappa d'un pas vif pour gagner l'hôtel et aller s'enfermer dans son appartement où, suffoquée par la douleur, elle se laissa tomber sur un fauteuil pour donner cours à ses soupirs et à ses larmes.

Après avoir vu fuir Piazetta, dont il n'avait osé suivre les pas, Georges, quittant la posture suppliante qu'il occupait, s'était redressé de toute sa hauteur, et le regard fixé vers le ciel :
— Vous ordonnez que je meure, mon Dieu, puisque vous m'avez retiré de son cœur, dit-il à voix haute ; eh bien ! je me soumets sans murmure à votre volonté. Oui, mourir, mais non d'une mort lâche et déshonorante qui me ferait rougir et mépriser ma mémoire. A moi donc les dangers, les combats ! A moi une fin glorieuse et utile à mes semblables comme à mon pays. La guerre ! la guerre ! Mais où la trouver, puisque toute la terre est en paix ?... Sur la mer, contre les corsaires, c'est là qu'il faut aller mourir et l'oublier !

Après avoir erré dans les jardins de l'hôtel, afin de donner à ses sens le temps de se remettre, Georges, faisant violence à la douleur qui le torturait, rentra dans l'hôtel, et, par le premier valet qui se présenta, fit prier Vénus de vouloir bien lui accorder un instant d'entretien. Lorsque cette demande lui fut adressée, la jeune femme était encore près de son inconsolable mari qui, ne pouvant se décider à la quitter, inventait mille subterfuges plus extravagants les uns que les autres, afin de pouvoir se soustraire à l'ordre tyrannique qui menaçait de le ravir aux amours et au bonheur.

— Soyez le bienvenu, mon ami, et, après m'avoir instruite de l'heureuse circonstance qui vous amène ici, aidez-moi à consoler mon pauvre mari qu'un ordre du roi va me ravir aujourd'hui même, dit Vénus à Georges, qui se présentait devant elle et Gaston, avec un visage contrit et les yeux encore humides des larmes qu'il venait de verser.

— Hélas ! madame, quiconque aime et connaît tout ce que la séparation a de douloureux et de cruel, celui-là vous plaindra sincèrement, répondit Georges avec âme et tristesse.

— Aussi, mon avis est-il de résister au roi, s'il ne consent à différer mon départ de deux, trois ou six mois, fît Gaston d'un ton décidé.

— S'il devait en être ainsi, autant vaudrait, ce me semble, donner votre démission du grade honorable que vous occupez dans la marine royale, ce qui, Dieu merci ! est aussi loin de votre cœur que de votre pensée. N'est-ce pas, Gaston, vous ne voudriez pas causer pareille douleur à votre femme, à celle pour l'amour de qui vous vous êtes fait marin et vous a récompensé de ce noble dévouement par le don de son cœur et de sa main ?

— Non, ma reine d'amours, et puisque telle est votre volonté et celle de Sa Majesté, je me soumets dans l'espoir de revenir bientôt et plus digne encore de votre adorable possession, répliqua Gaston avec feu et en baisant la main de sa gentille épouse.

— Ainsi, monsieur le vicomte, vous retournez en mer, où, sans nul doute, quelque glorieuse mission vous attend.

— Oui, mon cher Georges, une nouvelle chasse à donner aux corsaires de Tunis et de Maroc, infâmes barbares qui osent insulter notre pavillon et dont nous allons châtier l'insolence.

— Monsieur le vicomte, vous plairait-il de me compter au nombre de vos braves marins ?

— Vous, Georges ! exclama Vénus avec surprise.

— Oui, madame, je connais la mer. Elevé près de ses bords, familier avec ses caprices et ses dangers, je puis en peu de temps devenir un habile matelot ; je veux l'être et servir sous les ordres de votre époux, s'il daigne m'accorder cette faveur.

— Très-volontiers, mon brave, d'autant mieux que j'aurai en vous plus qu'un bon marin, mais encore un ami que me comprendra lorsque je lui parlerai de ma chère petite femme. Touchez là, Georges, et allez vous préparer, car nous partons ensemble dans deux heures.

Georges, reconnaissant, pressa affectueusement la main amicale que lui tendait Gaston, pour ensuite prendre celle de Vénus et la porter avec respect à ses lèvres.

— Je vous comprends, Georges, et tout en vous plaignant j'approuve votre noble résolution ; surtout, n'écoutant que la voix du malheur, gardez-vous de jouer trop facilement votre jeune existence. Souvenez-vous que vous laissez ici des amies qui ne vous oublieront pas et formeront des vœux pour votre bonheur. Georges, encore une fois, ménagez votre vie ; Georges, espérez, espérez ! fit Vénus en appuyant sur ces dernières paroles.

XXI

DEUX ANS APRÈS

Il y avait bal masqué dans les immenses et riches salons du duc d'Orléans ; fête brillante offerte au roi et à laquelle assistait tout ce que la France possédait de dignitaires et d'illustrations. A la clarté éblouissante de mille lumières, des flots irréguliers de têtes originales, de visages masqués, se heurtaient, se pressaient et se dessinaient parfois, vus des hautes galeries qui entouraient la salle, des ruisseaux tortueux qui semblaient réfléchir les couleurs les plus variées.

Parmi ce parterre émaillé d'or, de diamants, de fleurs, de rubans et de plumes, on remarquait deux gracieux dominos, l'un rose et l'autre bleu, pour mieux dire, deux femmes masquées, de taille moyenne, mais enchanteresses par leurs proportions, par leurs formes voluptueuses, par leurs chevelures noires et bouclées, qui tombaient sur des épaules d'une blancheur éblouissante. Ces femmes devaient être belles, car tout en elles l'annonçait, même la finesse de leurs jambes et la petitesse de leurs pieds moulés dans une chaussure de soie.

Se tenant par le bras, pressées craintivement l'une contre l'autre, nos deux dominos causaient ensemble à voix basse, tout en circulant à travers la foule sans daigner même s'apercevoir ou au moins porter la moindre attention à l'escorte galante de jeunes seigneurs qui suivaient leurs pas.

— Ainsi, mes amis, pas un de vous ne peut me dire ce que sont ces deux ravissantes créatures qui, malgré l'heure avancée, s'obstinent à nous cacher leurs traits sous ces maudits masques.

— Non, d'honneur ! ces messieurs et moi, mon cher de Chaverny, nous nous épuisons vainement en conjectures pour deviner cette charmante énigme ; ce qui nous fait croire que ce joli couple ne fréquente ordinairement ni la cour ni la ville.

— Vous me permettrez alors de vous dire, mes très-chers, que vous êtes des maladroits, et que moi, Robert de Chaverny, qui depuis deux ans suis hors de France où je ne suis de retour que depuis deux jours, je me fais fort de savoir ce que sont ces femmes, et cela avant une heure.

— Tu y ignores sans doute, bel Adonis, que plusieurs de nous ont déjà tenté l'aventure...

— Sans réussite, je m'en suis aperçu. Mais moi...

— Eh bien ! toi dont la gloire cythérienne est proverbiale, toi qui depuis deux ans es devenu la terreur des pères et des maris, toi enfin à qui cent triomphes amoureux ont mérité le glorieux surnom d'irrésistible ; confiants dans ton audace et ta force, nous te sommons de tenir ta parole en venant au jour nous décliner les noms, qualités et aventures de ces belles beautés invisibles, dit un des seigneurs qui, ainsi que Robert de Chaverny, faisait partie de l'escorte amoureuse qui suivait les pas des deux dominos.

— Je m'y engage, messieurs, mais pour cela il me faut du champ libre, et, en vous éloignant, n'oubliez pas que demain je vous assigne tous pour l'heure de midi au cabaret du Grand-Turenne.

Docile à l'invitation, le groupe s'empressa de se disperser, et Robert, usant de la liberté du masque, aborda galamment les deux dames, s'adressant de préférence à celle qui portait le domino bleu, et à qui le son inattendu de sa voix occasionna un mouvement de surprise et presque de frayeur.

— Gracieux masque, te plairait-il de m'accepter pour cavalier, de me confier ta main mignonne et jolie pour la prochaine sarabande? disait Robert d'un accent aimable et mielleux, tout en essayant de prendre la main du domino, qui s'empressa de la soustraire à son toucher.

— Tu t'adresses mal, marquis, cette jeune fille est ma sœur, une enfant sortie du couvent depuis deux jours au plus, et qu'effraie la galanterie un peu vive... Fais mieux, offre-moi ton bras et causons, dit le domino rose tout en glissant son bras sous celui de Robert, sans même attendre sa réponse, et après avoir fait passer sadite sœur à sa gauche.

— Gentil masque, serais-je de tes amis? interrogea Robert en pressant tendrement le bras qu'il tenait sous le sien.

— Me demandes-tu cela parce que je sais ton nom? quelle naïveté! qui donc ne connait pas, de réputation surtout, le galant, trop galant marquis Robert de Chaverny?

— Aurais-je été assez heureux, par hasard, pour te donner une preuve de cette galanterie en rendant hommage à ta beauté contraire à ton mérite?

— Et quoi te prouve que je sois belle ainsi qu'il te plait de le dire, séduisant Céladon?

— Ta tournure, si pleine de grâces, me fait arguer, beau masque, que la nature ne peut avoir laissé son ouvrage imparfait.

— Phrase banale et flexible qui se plie aisément à toutes les tailles comme à toutes les figures. Mais laissons là ma beauté douteuse et apprends-moi d'où tu viens depuis deux ans que tu as quitté la France.

— De l'Allemagne, froide contrée, où m'avait injustement exilé un ministre despote.

— Et d'où te rappelle sa déchéance; mais, prends garde, Robert, pour ne plus être le premier ministre, Henri de Bourbon-Condé n'en est pas moins un prince puissant.

— Ah! ah! tu le défends, tu es donc de ses amis. Alors, beau masque, ne pourrais-tu me dire d'où nait la sévérité de ce puissant à mon égard, pourquoi, de but en blanc, il lui prend la fantaisie de m'enlever à mon pays, à mes amis?...

— Et de ta femme, la belle Piazetta la chevrière, ajoute encore...

— Quoi, tu sais cela? reprit vivement Robert avec humeur et surprise.

— Qui ne sait que tu es l'heureux époux de la meilleure, de la plus belle et gracieuse femme du monde?

— Le bruit de ce sot mariage a donc franchi les murs de l'infernale prison où l'on me l'imposa, sous peine d'une éternelle agonie?

— Tout Paris et la France en furent instruits, et chacun s'empressa de plaindre celle qui, pour effacer le déshonneur imprimé sur son front, avait consenti à devenir la femme d'un libertin.

— Libertin! l'épithète est sévère... Est-ce donc un crime que d'aimer ton sexe et de lui rendre hommage? dit Robert.

— L'excès en tout est un défaut, tu ne peux l'ignorer... Çà, dis-moi, quelque peu de repentir ne se serait-il glissé dans ton cœur, après avoir volontairement renoncé à tes droits d'époux sur une femme jeune, bonne et jolie? puis encore à ceux d'un père sur le plus adorable enfant?

— Non, en vérité, répliqua légèrement Chaverny.

— Alors, c'est qu'il n'y a ni cœur ni âme sous ta frivole enveloppe, mon cher.

— Serais-tu tentée d'en faire l'épreuve en te démasquant, en me permettant de rendre hommage à tes divins attraits?...

— Eh bien! non, vrai, je suis fort peu tentée de voir mon nom grossir la liste de tes maîtresses, et c'est grand dommage pour toi, car, comme tu le présumes, je suis belle, fort belle, dit-on : ce que chacun se plait à me répéter.

— J'en étais sûr... Et ta jeune compagne?...

— Belle aussi, et plus que moi peut-être.

— Ce dont il me sera permis de m'assurer en dépit de ta rigueur, lorsque sonnera l'heure de quitter le masque, heure impatiemment attendue par tout ce que ce bal renferme de galants et amoureux cavaliers.

— En effet, je sais qu'à la troisième heure de la nuit, d'après le désir du prince qui nous donne cette fête, chacun sera tenu de mettre bas le masque, mais avant qu'elle ait sonné, ma sœur et moi nous aurons quitté ce palais.

— Alors, belle invisible, permets-moi donc d'insister pour te connaître, toi si bien faite pour fixer l'inconstance et être adorée!

— Marquis, j'ai une aversion prononcée pour les hommes mariés; tiens compte de cet avertissement.

— Marié! mais je ne le suis pas, ou du moins je ne peux regarder comme un acte sérieux un lien qui me fut imposé par la contrainte; ainsi donc, oublie ce titre ridicule et dis-moi si tu es fille, femme ou veuve?

— Devine si tu peux, et choisis si tu l'oses, répondit gaiement le domino.

— Tu te railles de moi! n'importe, je t'aime sans te connaître et me déclare ton adorateur passionné.

— Je voudrais que tu dises vrai, j'aurais au moins le plaisir de venger ta femme en te désespérant à force d'indifférence... et plus encore peut-être.

En ce moment les mots :

— Le roi! prononcés par un huissier, vinrent imposer silence à la foule et tourner tous les regards vers une porte qui venait de s'ouvrir, pour donner entrée au roi, qui accompagné du duc d'Orléans et du prince de Bourbon-Condé, se présenta souriant et gracieux.

Rien ne pourrait dépeindre la surprise et le dépit de Robert qui, fort peu soucieux de la présence du souverain, n'en continuait pas moins de faire sa cour, en voyant les deux dominos lui échapper vivement pour courir à la rencontre du roi et en recevoir, ainsi que des princes, un accueil empressé, en voyant, plus encore, les deux gentils masques passer familièrement leurs bras sous celui de Bourbon-Condé, pour ensuite se promener avec lui à travers la foule qui s'ouvrait respectueusement devant eux.

— Corbleu! je saurai quelles sont ces femmes ou j'y perdrai mon nom! se mit à murmurer avec humeur le marquis de Chaverny qui, s'attachant aux pas des deux dominos, les suivait de salon en salon, épiait leurs moindres gestes, tout en essayant de saisir quelques-unes de leurs paroles, lorsqu'après mille efforts pour percer la foule qui les entourait, il était parvenu à se rapprocher d'eux.

— Le clos des alouettes... Chantilly... D'excellentes nouvelles... Le combat a été sanglant et glorieux.

Tels furent les seuls mots prononcés par le prince et que Robert put saisir, paroles sans suite dont il lui était impossible de deviner le sens.

Les pendules, en sonnant cet instant, se renvoyant les unes aux autres la troisième heure du matin, venaient de donner le signal pour faire tomber les masques; telles étaient la condition et la volonté imposées par le roi lors de son consentement à assister en personne à ce bal travesti.

Robert, qui attendait cet heureux moment avec la plus vive impatience, se mit alors à sourire avec autant de joie que de malice.

Enfin il allait donc être à même de juger par lui-même si ces femmes étaient véritablement dignes, par leur beauté, de la conquête qu'il se proposait et de l'empressement qu'il mettait à s'attacher à leurs pas.

O déception! tous les visages viennent de se découvrir, à la grande satisfaction des uns, au grand déplaisir des autres : il n'y a que nos deux dominos qui, pour s'affranchir de la loi commune, s'échappent des salons, guidés par le prince de Bourbon-Condé, gagnent les antichambres, puis le péristyle, où ils reçoivent les adieux du prince, pour ensuite s'élancer dans une riche voiture, attelée de quatre chevaux, qui les attendait au bas du perron du Palais-Royal où se donnait cette fête.

— Vingt-cinq louis pour toi, Pascal, si, après avoir suivi cette voiture, tu viens m'apprendre l'endroit où elle conduit les deux femmes qu'elle emporte en ce moment.

Ainsi venait de parler Robert à l'un de ses piqueurs, lequel s'élança aussitôt sur son cheval et partit ventre à terre sur les traces de la voiture, qui déjà avait quitté la cour du palais pour gagner la rue Richelieu.

XXII

LE CHATEAU DES NONNETTES

— Comprends-tu mon impatience, mon cher Thorigny? Vingt-quatre heures écoulées depuis l'instant où ce damné Pascal est monté à cheval pour suivre leur voiture, et il n'est pas encore de retour.

Ainsi disait un matin chez lui le marquis de Chaverny à l'un de ses amis.

Ton piqueur se sera laissé tomber de cheval et rompu le cou ; de là sa lenteur à venir t'apprendre le lieu où perchent les deux colombes qui te tiennent si fort à cœur.

— Oublies-tu qu'il y va de mon honneur! que je me suis engagé envers toi et nos amis à décliner les noms et l'histoire scandaleuse de ces femmes; que, déjà, j'ai perdu la première manche en ne triomphant pas à première vue, et que, par générosité, vous m'avez accordé un sursis de huit jours?... Ce misérable Pascal! que fait-il? où peut-il être?...

En disant ainsi, Robert se dirigeait pour la vingtième fois vers une fenêtre qui donnait sur la cour du château, toujours dans l'espoir d'y voir entrer le piqueur tant attendu.

Un quart d'heure se passe, puis le pas d'un cheval se fait entendre dans la cour, et Robert de s'écrier :

— Enfin, c'est lui!... D'où viens-tu, maroufle, depuis un siècle que tu es parti? s'écria le marquis de la fenêtre qu'il s'était empressé d'ouvrir.

— De Chantilly, monseigneur.

— De Chantilly!... Monte vite me conter cela:

Le piqueur, à qui deux secondes avaient suffi pour franchir l'escalier, se présenta souriant et triomphant devant Robert et le baron de Thorigny.

— Et qu'as-tu été faire à Chantilly, drôle ?

— Suivre la voiture que vous m'aviez indiquée, laquelle, monseigneur, m'a conduit jusque-là et d'un seul trait.

— Ces femmes habitent-elles au château ? interrogea vivement Robert.

— Non, mais à une lieue de là, sur les confins de la vallée de la Nonnette, où elles possèdent un petit château de fort bon goût adossé à la forêt qui fait partie de ce domaine...

— Parbleu! voilà qui est bien singulier; car moi, qui possède aussi dans ce canton une délicieuse maison de plaisance, je me trouve être le voisin de ces femmes. Ce hasard est heureux et doit nous seconder, fit gaiement Thorigny.

— Certes! hasard providentiel qui nous promet un prompt succès. Çà, as-tu pris tes informations? que sont-elles? Filles, femmes ou veuves, jeunes et jolies? comment se nomment-elles? demanda Robert avec empressement à Pascal.

— Monseigneur, elles sont sœurs, veuves toutes deux, ce que l'on présume dans le pays; elles sont jeunes, très-jolies, se nomment, l'une Armande et l'autre Léonie. Ces dames mènent une vie très-retirée et jouissent dans le pays d'une excellente réputation de sagesse et de bienfaisance.

— Tu entends, Thorigny? La partie est des plus belles comme des plus piquantes... Deux veuves, jeunes et jolies, seules, isolées dans un château et au milieu des bois... À nous ces femmes, mon très-cher, à nous de les ramener à la vie mondaine et en faisant nos maîtresses.

— Sublime idée! s'écria le baron en se frappant le front.

— Franchement, voilà l'occasion qu'il te faut pour attaquer et vaincre sans obstacles, toi, cher Thorigny, qui, grâce à ta laideur, à ton peu d'expérience dans l'art de plaire et de séduire, vois sans cesse t'échapper toutes les femmes que tu convoites.

— Hum! fit Thorigny en branlant la tête, je ne vois pas, ainsi que toi, la conquête si facile. Oublies-tu, marquis, que ce sont de grandes dames au mieux avec monseigneur de Bourbon-Condé.

— En effet! tu m'y fais songer... L'une d'elles est peut-être la maîtresse du prince...

— Cela doit être, oui, une maîtresse anonyme, mystérieuse, que pour sa commodité Henri de Bourbon aura logé tout près de sa résidence et qu'il va visiter secrètement.

— Il doit en être ainsi. Tant mieux ! car j'aurai alors le double plaisir de lui ravir sa maîtresse et de me venger de l'exil injuste qu'il m'a fait endurer... Thorigny, allons habiter ta maison de plaisance... Vite, une chaise de poste et en route pour Chantilly et la vallée de la Nonnette !

Deux heures après que Robert eut donné cet ordre, lui et le baron de Thorigny, roulaient un train d'enfer sur la grande route de Paris à Chantilly.

C'était un séjour enchanteur que ce petit château de la Nonnette, jadis dépendance des propriétés des princes de Condé, avant que le marteau révolutionnaire ne l'eût réduit en poussière et auquel conduisait une belle avenue d'arbres. D'abord une vaste cour flanquée de deux élégants pavillons ; au fond, un vaste bâtiment régulier. Huit marches conduisaient à un péristyle à colonnes légères : deux portes hautes et vitrées laissaient voir derrière elles un élégant et vaste vestibule, au milieu duquel était un escalier de contour gracieux, qui conduisait aux étages supérieurs.

Là des appartements où tout était chef-d'œuvre d'art et de patience. Des tableaux, des statues, des bronzes, ouvrages des grands maîtres ; des meubles où l'ivoire et l'or, en filets légers, dessinaient sur le bois d'ébène et de rose, des arabesques aux contours gracieux.

Pour tenture, la soie brochée de Naples s'y mêlait à l'or et au velours ; les pieds y foulaient les tapis du plus rare travail. C'était dans cette demeure somptueuse que résidaient, ainsi que l'avait annoncé Pascal, le piqueur, les deux femmes que Robert brûlait du désir de connaître, dont il s'était épris rien qu'à l'aspect de leurs formes élégantes et gracieuses. Mais, si leurs véritables noms, leurs qualités et leurs visages étaient encore un mystère pour notre amoureux et volage marquis, il ne peut en être ainsi pour nous ; ces femmes n'étaient autres que Vénus et Piazetta, qui, privées toutes deux de leurs maris, la première pour quelque temps encore, l'autre pour toujours peut-être, et désireuses de se soustraire aux hommages et poursuites des galants que leur beauté et leur veuvage prétendu ne cessaient d'attirer autour d'elles, s'étaient placées sous la protection du prince de Bourbon-Condé, Vénus en qualité de parente de la marquise de Presle, et Piazetta de fille bien-aimée de ce seigneur.

C'était donc le château des Nonnettes que Henri de Bourbon-Condé avait assigné pour demeure aux jeunes dames, après en avoir fait don en toute propriété à Piazetta, en ajoutant à ce présent magnifique une pension annuelle de cinquante mille écus.

C'était encore aux Nonnettes que le prince aimait à se rendre fréquemment, incognito, de grand matin ou le soir pour y passer quelques heures heureuses auprès des deux jeunes femmes, dont l'aimable enjouement, le babil spirituel étaient pour lui un sujet de plaisir et de délassement.

On était au mois de juin, le temps était superbe et la sixième heure du matin venait de tinter à la grande horloge du château, lorsqu'une jeune femme alerte et matinale, qui courait les appartements du château, pénétra doucement dans une chambre à coucher où ne régnait encore qu'un très-petit jour, qui permettait à peine de distinguer une forme gracieuse, reposant sur un lit en forme de corbeille ; c'était un corps de femme, qui vu à travers les plis de la mousseline diaphane qui servait de rideaux, ne semblait être qu'une légère vapeur.

— La paresseuse qui dort encore à cette heure lorsque tout est éveillé dans la nature, lorsque le soleil dore les arbres et les fleurs, que les oiseaux sautillent et gazouillent, ainsi disait en souriant la jeune femme, après avoir écarté les rideaux et tout en contemplant la dormeuse qui, éveillée par ces mots, bondit en se mettant sur son séant.

— Quelle heure est-il donc, chère Vénus ? demanda vivement la paresseuse à celle qui venait de l'éveiller.

— Six heures passées, ma Piazetta, et déjà nos chevaux sellés nous attendent dans la cour pour notre promenade du matin.

En parlant ainsi, Vénus s'empressait d'ouvrir les rideaux de la fenêtre, et de donner accès aux flots de lumière qui vinrent inonder la chambre.

— Allons, ne gronde pas, je vais m'empresser de regagner le temps que le sommeil m'a fait perdre, disait Piazetta en se jetant à un cordon de sonnette afin d'appeler sa femme de chambre.

— Non, n'appelle personne, car nous avons à causer en secret ; j'ai du curieux à t'apprendre. Permets donc que je t'aide moi-même à t'habiller ce matin.

— Volontiers, et conte-moi vite..., fit Piazetta.

— Devines, si tu peux, qui nous avons pour voisins dans les deux jeunes seigneurs qui sont venus hier s'installer au petit château de Plaisance, reprit Vénus en souriant.

— Sans doute quelques jeunes fous de la cour, et de grands amateurs de chasse.

— Comme tu le dis fort bien, grands amateurs de chasse, mais, sache aussi que le principal gibier que convoitent ces deux muguets, n'est autre que ta personne et la mienne; sache encore, que l'un se nomme le baron de Thorigny, espèce de niais, laid et disgracieux ; l'autre le brillant marquis, devenu de par ta grâce, comte Robert de Chavergy.

— Mon mari ! que me veut-il? pourquoi se rapproche-t-il de moi? A-t-il donc oublié que je l'ai désiré et accepté pour époux, que dans l'intention de me réhabiliter aux yeux du monde comme aux miens propres, et pour l'honneur de mon enfant; que je ne l'aime pas et ne l'aimerai jamais! s'écria Piazetta avec dépit et frayeur.

— Hé, bon Dieu ! ne devines-tu pas, enfant, que ce n'est ni toi ni moi que ces papillons viennent chercher ici, mais bien les deux dominos du bal, dont ils auront fait suivre les traces, et comme le hasard a voulu que l'un d'eux, le baron de Thorigny, possédât une propriété voisine de notre demeure, tous deux se sont empressés de s'y accourir, dans l'espoir de nous visiter en qualité de voisins et de nous faire leur cour.

— Nous ne pouvons recevoir ces hommes, et d'ailleurs je pense que, aussitôt que M. de Chaverny saura qui nous sommes, il se souciera peu de poursuivre l'aventure, fit Piazetta d'un ton où perçait certaine nuance d'inquiétude.

— Je pense ainsi que toi, mais il sera temps de nous faire connaître, après que nous nous serons amusées aux dépens de ces godelureaux.

— Amusées ! je ne te comprends pas, ma bonne Vénus, reprit Piazetta avec surprise.

— J'entends par là que, avant qu'ils ne découvrent qui nous sommes, je veux me divertir aux dépens de ton mari et de son digne ami, en continuant ici l'intrigue commencée au bal de monseigneur le duc d'Orléans, en les faisant courir sur nos traces par monts et par vaux, et, lorsqu'ils se seront donné un mal infini, en vue de conquérir nos plus tendres faveurs, les réduire à néant en levant nos masques.

— Vénus, crois-moi, ne jouons pas avec ces hommes perfides, et, en nous nommant, forçons-les de renoncer de suite à leurs projets.

— Comment, une seule et pauvre petite occasion de nous distraire dans la retraite, que nous impose mon veuvage momentané, vient s'offrir à nous, et tu voudrais m'en priver !... Oh ! non, ne l'espère pas ! il est si bon de pouvoir bafouer la fatuité... D'ailleurs, je n'exige rien de ta craintive personne, voulant agir seule en cette circonstance.

— Mais !... fit Piazetta.

— Silence ! peureuse, plus un mot ; embrasse-moi, et maintenant que te voilà pimpante et gracieuse sous ce galant costume d'amazone, vite à cheval et courons gagner l'appétit du déjeuner en galopant à travers la forêt.

XXIII

DÉCEPTION

Tandis que les deux jeunes femmes devisaient ainsi, Robert et Thorigny, de leur côté, levés de très-grand matin, s'empressaient d'endosser le costume de chasse, tout en causant et discutant leur plan d'attaque concernant leurs mystérieuses voisines dont ils ne projetaient rien moins que de forcer la retraite si, après avoir sollicité l'avantage d'être admis chez elles, ils essuyaient la honte d'un refus.

La septième heure du matin sonnait comme les deux amis, montés sur de gracieux coursiers, quittaient leur demeure pour se diriger vers le château de la Nohnette, afin de prendre d'abord connaissance des lieux et d'obtenir quelques renseignements, en interrogeant des serviteurs que le hasard leur ferait rencontrer.

Ce même hasard consentit en effet à les servir à souhait, en les mettant en présence d'une jeune et accorte chambrière qui, après avoir quitté le château dont elle venait de franchir la grille, cheminait lentement un panier à son bras.

— Holà ! jeune et jolie fille, seriez-vous attachée au service de ce château ? interrogea Robert en s'adressant à la servante, après avoir arrêté son cheval en face d'elle.

— Oui, monsieur, en qualité de femme de chambre.

— Alors vous pouvez nous dire le nom des personnes qui l'habitent ? dit Thorigny.

— Certainement ! Ce sont mesdames Armande et Léonie, mes maîtresses, et propriétaires du domaine, répliqua la jeune fille à la mine éveillée, en accompagnant ces paroles d'un sourire narquois.

— Armande, Léonie... Mais leurs noms de famille, leurs titres ?... demanda Robert.

— Ah dame ! allez vous informer à plus savante que moi, car je n'en sais pas davantage.

— Pensez-vous que ces dames consentent à nous recevoir en qualité de voisins et de bons gentilshommes ? demanda Robert.

— Mes maîtresses ne reçoivent personne ; or, je doute qu'elles dérogent en votre faveur à une décision prise et arrêtée.

— Ça, petite, ce sont donc des sauvages ou des dévotes recluses, que tes maîtresses ? Ignorent-elles qu'entre gens de qualité et voisins de campagne, il est d'usage de se visiter ? observa de Thorigny.

— Je pense qu'elles n'ignorent rien, car mes maîtresses sont femmes du monde et de grand esprit.

— On les dit jeunes et jolies, reprit Robert.

— Et l'on dit vrai si l'on dit cela, car ce sont les deux créatures les plus avenantes et les plus courtoises qui soient dans tout le royaume de France.

— Comment se nomme-t-on, gentille soubrette ?

— Nanon, monsieur.

— Eh bien ! Nanon, reprit Robert, il y a dix louis d'or pour toi, si tu parviens à décider tes maîtresses à recevoir nos visites.

— Hélas ! que ne puis-je gagner un aussi beau salaire, mais c'est en vain que je l'espérerais, car mes maîtresses seront inflexibles, dit la servante en poussant de gros soupirs.

— Alors, je double la somme si tu consens à nous introduire ce soir dans l'appartement de ces dames.

— Seigneur ! mon Dieu ! vous introduire la nuit chez elles !... Mais vous voulez donc que je perde ma condition, qu'on me flanque à la porte ?

— Qui saura que c'est toi qui nous auras introduits ?... Allons, gentille Nanon, un peu de pitié et de courage, et si vingt louis ne te semblent pas une compensation assez belle, on t'en comptera trente ; mieux encore, si l'on te chasse, je te prends à mon service.

— Ma foi, vous m'en dites tant qu'il m'est impossible de résister davantage, car je suis une bonne fille, qui aime à rendre service ; seulement, quoique certaine que vous êtes d'honnêtes gens qui n'avez que de bonnes intentions, je voudrais bien, avant de vous satisfaire, savoir ce que vous avez de si important à dire à mes maîtresses ?

— Rien que de très-aimables choses et pouvoir déposer à leurs pieds nos respects et nos hommages, en qualité de bons voisins et de galants chevaliers, répliqua Robert, qui étant descendu de cheval pour mieux causer, avait pris dans la sienne la main de la gentille chambrière.

— Si ce n'est que pour cela, ne voyant nul danger pour ces dames, je consens à vous servir autant qu'il sera en mon pouvoir de le faire. Or, venez donc ce soir à neuf heures et tenez-vous silencieusement à la petite porte verte du potager, où je viendrai vous prendre pour vous conduire au salon dans lequel vous trouverez mes maîtresses rassemblées et en train de travailler à quelques chiffons coquets.

— Nanon, tu es une fille adorable, et pour te prouver notre reconnaissance, accepte d'abord ces cinq louis comme à-compte de ceux qui te sont promis, et à ce soir à la petite porte où, sans doute, tu n'auras pas la cruauté de nous faire attendre trop longtemps.

— Comptez sur mon exactitude, mes beaux messieurs, dit Nanon en faisant une belle révérence et tout en mettant en poche les cinq louis.

— Maintenant, baron, en chasse dans la forêt, fit Robert en remontant sur son cheval.

— Où, sans doute, vous rencontrerez mes maîtresses qui s'y promènent en ce moment, fit Nanon.

— Merci de l'avertissement, belle Nanon.

Et ces paroles dites, nos deux galants piquèrent des deux, puis partirent au galop pour s'élancer à fond de train dans la forêt.

Près de deux heures s'étaient passées en promenade, à parcourir la forêt en tous sens sans être parvenus à rencontrer les deux personnes qu'ils y cherchaient, lorsqu'enfin, au détour d'une petite route, nos cavaliers aperçoivent à leur grande satisfaction, deux gracieuses amazones montées sur des chevaux fringants et qui arrivaient au galop de leur côté. Robert et de Thorigny s'empressèrent de courir aussitôt à leur rencontre, en ayant soin de tenir le milieu de la route.

— Diable ! elles baissent leur voile ; fâcheux caprice ! dit de Thorigny.

— N'importe ! arrêtons-les et entamons l'entretien... Mesdames ! de grâce ! veuillez vous arrêter et permettre à deux galants cavaliers qui brûlent du désir de faire votre connaissance en qualité de voisins, de vous présenter leurs hommages respectueux, dit Robert en plaçant son cheval de manière à barrer le chemin aux deux dames.

— Messieurs, faites passage s'il vous plaît, car le temps

nous presse, dit Vénus d'un ton bref et en agitant fièrement la cravache qu'elle avait en main.
— Un mot, belles dames, un seul qui nous donne espoir...
— Espoir de quoi? d'acquérir notre confiance en nous arrêtant au milieu d'un bois? Beau moyen, ma foi? Savons-nous, messieurs, si vous êtes des honnêtes gens ou des détrousseurs de grands chemins?
— D'honnêtes personnes, mesdames; vous voyez, en mon ami, monsieur le baron de Thorigny, dont la propriété est voisine de la vôtre, et, en moi, votre humble admirateur le marquis Robert de Chaverny.
— Je crois, monsieur le marquis, que vous faites erreur de titre, car le bruit m'est venu qu'en faveur de l'heureuse union que vous avez contractée avec mademoiselle Piazetta, sa majesté le roi Louis XV vous a conféré celui de comte, observation malicieuse de la part de Vénus, qui fit monter le rouge au visage de Robert.
— En effet, madame, mais vous devriez savoir encore qu'en répudiant la femme que l'on venait de m'imposer arbitrairement, j'ai de même repoussé le titre qui m'était octroyé comme un palliatif à un mariage honteux.
— Holà! monsieur le marquis, pourquoi traiter de la sorte une alliance des plus honorables et qu'auraient, certes, enviée les plus nobles seigneurs de la cour?
— Allons donc! une chevrière! fit Robert avec mépris.
— D'accord, mais une chevrière de haut parage, reprit Vénus.
— D'honneur, belle dame, je ne vous comprends pas.
— En effet, à peine sorti de la Bastille, où venait de se prononcer votre mariage, vous quittâtes la France pour courir cacher votre honte prétendue, sous le ciel de la belle Italie. Avec un peu de patience, monsieur, vous eussiez peu tardé à apprendre que celle que l'on venait de vous donner pour femme descend de haut et puissant seigneur. Mais il vous a plu de la fouler aux pieds en insultant la meilleure, la plus sage, comme la plus belle des femmes; en rompant avec elle, en l'abandonnant comme une vile créature, en vous montrant mauvais amant, mauvais époux, et par-dessus tout, mauvais père.
— Père! en effet! je le suis et l'avais oublié, répliqua Robert en souriant... Oui, je m'avoue maladroit et coupable, mais, comme tout ceci est un mal sans remède, que l'on ne manquerait pas d'attribuer mon repentir, si repentant je devenais, à un vil et intéressé calcul, le mieux que je puisse faire est d'oublier le passé pour vivre du présent et embellir l'avenir. Ainsi, mesdames, en voulant bien excuser le petit retard que notre rencontre vient d'apporter dans votre promenade, veuillez la continuer, en daignant nous admettre auprès de vous en qualité d'écuyers cavalcadours.
— En nous permettant de faire votre aimable connaissance, toujours en qualité de voisin, dit à son tour de Thorigny, qui, resté muet jusqu'alors, n'était pas fâché de placer son mot.
— Ce serait un grand honneur pour nous, messieurs, mais les mêmes raisons de sagesse et de prudence qui nous ont commandé la retraite loin du monde, contraignent encore aujourd'hui mon amie et moi, à refuser votre offre obligeante. Or, veuillez recevoir nos excuses et nos regrets, et, sans plus tarder, nous laisser continuer notre promenade, répondit Vénus en imprimant un mouvement à son cheval, afin de lui faire reprendre sa course, intention que réprima aussitôt le hardi Robert en osant porter la main sur la bride du coursier.
— Parbleu! messieurs, prétendriez-vous, en chevaliers déloyaux, profiter de notre isolement pour nous faire violence? reprit Vénus d'une voix sévère.
— Loin de nous cette pensée, mesdames, seulement, il nous serait agréable, avant de nous séparer, de connaître les traits charmants des deux gracieux dominos qui, pour se soustraire à la loi commune, ont préféré s'échapper sournoisement d'un certain bal où ils me firent passer quelques agréables instants... Allons, mesdames, moins de cruauté, de mystère, et que la liberté devienne le prix de votre complaisance à lever ces voiles importuns.
— Oui, mes belles dames, telles sont nos conditions, dit de Thorigny.
— Monsieur de Chaverny, je vous savais un fat, mais j'ignorais que vous fussiez un audacieux insolent. Quant à vous, baron de Thorigny, il est su et reconnu que la dose d'esprit que vous possédez ne vous permet d'avoir autre volonté que celle d'autrui; je vous engage donc aujourd'hui à vous départir de ce système aussi sot que dangereux, et, plus sage que votre digne Mentor, à nous livrer poliment le passage, sous peine d'encourir notre disgrâce éternelle, dit Vénus d'un accent qui trahissait l'impatience à laquelle elle était en proie.
— Vous avez beau dire, mesdames, j'ai juré de vous connaître, et, dussé-je lutter contre votre rigueur, ces voiles tomberont devant nous.

En disant ainsi, Robert, oubliant tout respect, se disposait à porter la main sur le voile de Vénus, après avoir lâché la bride du cheval, lorsque Vénus s'étant jetée en arrière, et ayant brusquement fait reculer son cheval, lui appliqua un coup de cravache à travers le visage, pour aussitôt tourner bride, et, suivie de Piazetta qui, à son instar, venait d'appliquer la même correction au baron de Thorigny, prendre le galop et s'élancer à travers la forêt.

Leurs chevaux ne touchent pas la terre, ils volent avec une rapidité effrayante en franchissant tous les obstacles. En vain Robert et son compagnon, tous deux guidés par le dépit et le désir de la vengeance, courent-ils sur leurs traces en animant leurs coursiers du geste et de la voix; c'est en vain encore qu'à l'exemple de nos deux amazones ils franchissent les haies et les fossés.

Vénus et Piazetta, mieux montées sans doute, gagnent du terrain, tournent une avenue et disparaissent à leurs yeux.

— Courage, ami, coupons-leur la retraite, après avoir franchi cette haie pour gagner ce chemin de traverse, s'écrie Robert en enfonçant les éperons dans le ventre de son cheval qui, quoique stimulé cruellement, refuse de sauter, se cabre et recule, tandis que celui de Thorigny, après avoir pris son élan, franchit la haie d'un bond, et par ce brusque mouvement désarçonne son cavalier, qu'il envoie rouler à dix pas au milieu des ronces et des chardons.

XXIV

Deux heures après cette dernière aventure, nos deux jeunes gens rentraient chez eux, Robert honteux et colère, Thorigny le corps brisé, la figure déchirée et sanglante; le premier pour aller s'enfermer chez lui, le second se mettre au lit et y faire panser ses blessures.

— Corbleu! morbleu! je les connaîtrai, elles seront à moi ces femmes, ou j'y perdrai mon nom. Oui! oui! c'est par vos baisers, vos caresses, qu'il vous faudra racheter l'affront que votre fouet a osé imprimer sur ma face, dussé-je, pour vous y contraindre, employer la rigueur...

Ainsi disait Robert en se promenant de long en large dans sa chambre, en proie à une violente agitation.

Il n'a point oublié la promesse de la chambrière, et c'est pour cela que le soir, comme sonnait la neuvième heure, Robert seul se dirigeait vers le château des Nonnettes et la petite porte du parc de cette habitation.

Une demi-heure d'une impatiente attente, puis cette porte, devant laquelle pestait l'aventureux marquis, s'ouvre sans bruit; une main s'empare de celle de Robert pour l'introduire dans le parc, et dans une profonde obscurité le guider sous un ciel de verdure, à travers plusieurs avenues.

— Çà, arriverons-nous bientôt?

— Silence! nous y voilà, répond une petite voix, que ce dernier reconnaît pour celle de la camériste.

Il atteignait en effet le château qu'il introduisit son guide. Un long corridor, des escaliers à monter, cent tours à travers de grandes chambres, tandis que le bruit de plusieurs voix qui se font entendre, et au loin une vive lumière se reflétant au dehors sur les murailles et les vitres des fenêtres.

— Grands dieux! ce sont les gens du château qui, selon leur coutume, font leur ronde de nuit. Restez ici sans bruit, monsieur, le temps que je vais mettre à me rendre près d'eux, afin de les éloigner de cette partie du château. Surtout pas d'imprudence, sous peine d'être pris pour un voleur et traité comme tel par les gens du logis.

Cela dit, et sans donner à Robert le temps de lui répondre, la jeune fille s'échappe. Une heure et plus d'une impatiente attente, et Robert, furieux, prend le parti de courir la chambre noire, afin d'essayer s'il ne pourrait lui-même se guider vers l'appartement des dames du château, où il croit deviner en apercevant de la fenêtre de la pièce où il est une fenêtre voisine, à travers de laquelle brille une vive lumière.

Robert songe donc à s'orienter de son mieux et se met à tâtonner tout autour de la chambre, afin d'en trouver l'issue. Une porte se présente, sans doute celle par où il a été introduit. Un long corridor que suit notre jeune homme, puis un détour, deux, trois. Où est-il? où va-t-il? le diable seul le sait. Pas de lumière, pas une seule fenêtre donnant entrée à un rayon de lune.

— Allons! marchons encore, se dit notre aventurier, qui avance de quelques pas pour aussitôt sentir le parquet manquer sous lui et l'entraîner.

C'est sur un amas de foin que vint tomber notre marquis, sans s'être fait le moindre mal, et pour cela n'en jurant et pestant pas moins, surtout en entendant autour de lui les murmures d'un rire étouffé et sardonique.

— Par la sambleu! on me fait jouer ici un rôle de niais bafoué... Que celui qui se permet de rire à mes dépens ose donc se montrer, et je jure Dieu de le châtier d'importance, qu'il soit maître ou valet, s'écrie Robert à voix haute, après s'être relevé et en tournant son regard autour de lui, pour apercevoir au loin un peu de clarté, celle d'un rayon de lune à travers une croisée.

Personne n'ayant répondu à sa provocation et n'entendant plus aucun bruit, Robert, tenant en main l'épée dont il était armé, se dirige vers l'endroit par où pénètre ladite clarté, mais non sans se heurter à chaque instant contre quelques obstacles, telles que voitures, chariots, coffres et autres engins, placés sans doute tout exprès et de façon à lui barrer le passage.

Ce n'est ni sans peine ni sans contusions que le marquis parvient à atteindre la fenêtre désirée, laquelle donne sur une espèce de basse-cour et qu'il s'empresse d'ouvrir; cette croisée est élevée à quinze pieds du sol; mais Robert, remarquant au bas un immense amas de fumier, n'hésite pas un instant à franchir cette distance.

Fatalité! ce fumier trompeur recouvre une mare fétide dans laquelle il s'enfonce à mi-corps, et c'est par d'énergiques jurons, de terribles menaces que notre jeune homme, tout en se dépêtrant de ce bourbier infect, répond aux nouveaux ricanements, dont le bruit sourd vient de nouveau ajouter à sa honte et augmenter la fureur qui l'anime.

Dans cette cour, d'autre issue qu'une porte charretière soigneusement fermée et cadenassée : nulle possibilité de briser cet obstacle, qui résiste aux efforts de Robert.

Comment sortir de cette cour? Comment se soustraire à l'insultante mystification qu'il est contraint d'endurer, ainsi qu'un lion pris aux réseaux du chasseur?

— Ah! malheur à vous, belles dames! Robert de Chaverny vous fera payer cher le plaisir que vous cause la honteuse déception dont vous m'accablez en ce moment. A vous l'honneur de l'avoir mystifié, mais à lui la revanche, et rira bien qui rira le dernier.

Tout en murmurant ainsi, et tenant son épée nue entre ses dents, Robert, s'aidant des mains et des pieds, gravissait la muraille peu élevée qui séparait la cour du parc, dans lequel, parvenu au faîte du mur, il sauta lestement, pour ensuite prendre sa course à travers les pelouses, les quinconces, afin de regagner la petite porte du parc qu'il retrouva, mais dont la serrure, fermée à double tour, résista sous sa main.

Encore une malédiction, une menace échappée des lèvres du marquis, lequel, voulant sortir de cette demeure maudite, pour la seconde fois se mit à l'œuvre, afin d'escalader la muraille du parc, comme il avait fait de celle de la cour.

Il est libre, et c'est vers la maison du baron de Thorigny qu'il se dirige à grands pas, pour y rentrer, non en vainqueur, mais bien la rage, la honte et la colère au cœur; de plus, froissé par tout le corps, couvert de boue et de fange.

Après avoir gardé la chambre plusieurs jours, durant lesquels il avait été en proie à une affreuse courbature et à une fièvre dévorante, Robert s'étant senti frais et tout disposé à reprendre les hostilités contre les habitantes du château envers lesquelles il projetait une cruelle revanche des mystifications dont on l'avait rendu la victime ridicule.

Robert donc, un beau soir, quitta seul le pavillon Thorigny, pour aller parcourir la vallée de la Nonnette et rôder dans les environs du château, comme un renard autour d'un poulailler.

Mais, avant d'aller plus loin, et de raconter les aventures importantes qui arrivèrent ce soir-là à notre marquis, remontons d'un jour et instruisons notre lecteur de l'étrange incident arrivé au baron de Thorigny, durant que son digne ami gardait la chambre et le lit.

La cinquième heure du matin sonnait à l'horloge du pavillon Thorigny, au même moment que tintait lourdement la cloche de la grille de cette champêtre et gracieuse habitation.

Le concierge, éveillé en sursaut, s'empressa donc de se vêtir à la hâte pour aller, encore tout endormi, ouvrir au visiteur malencontreux qui, à pareille heure, osait venir interrompre le repos de toute une maison.

C'étaient deux hommes couverts de longs manteaux noirs, coiffés de larges chapeaux rabattus sur leurs visages, et qui, d'un ton rude et impératif, demandèrent à parler à monsieur le baron de Thorigny.

— Il dort, et l'on ne s'éveille pas un homme de qualité à pareille heure, répliqua brusquement le cerbère en tournant le dos aux mal-venus, lorsque ces mots :

De par le roi, ouvrez! lui fit faire volte-face et un humble salut.

— Si c'est de par Sa Majesté, la chose est bien différente... entrez, entrez, messieurs, et soyez les bienvenus... Sans doute quelques hautes faveurs dont vous êtes chargés d'apporter la nouvelle à mon maître, de la part de notre bon roi Louis XV?

Ainsi disait notre concierge en introduisant les deux personnages dans la demeure, lesquels lui ordonnèrent d'un ton qui ne souffrait aucune réplique, de les conduire auprès de son maître, à qui ils avaient à faire une importante communication.

A défaut des valets de chambre, qui n'étaient pas encore éveillés, le concierge s'empressa d'obtempérer à la demande des deux visiteurs en les conduisant à travers les appartements jusqu'à la chambre où dormait Thorigny, encore souffrant des suites de sa chute de cheval.

— Qu'est-ce? de quel droit se permet-on d'entrer chez moi et de m'éveiller sans mes ordres? fit le baron avec colère, en se plaçant sur son séant, pour ensuite examiner avec surprise les deux visiteurs qui s'étaient approchés de son lit.

— Veuillez vous lever, monsieur le baron, et nous permettre de vous conduire au lieu que nous désigne le mandat royal dont nous sommes porteurs.

— Hein? plaît-il? de quel mandat parlez-vous, et que prétendez-vous faire de moi? reprit Thorigny effrayé.

— Un mandat signé de Sa Majesté... Allons, hâtez-vous, monsieur, reprit un des exempts avec impatience.

— Mais encore!... car enfin l'on n'attente pas à la liberté d'un homme tel que moi sans un grave motif et je crois n'avoir rien fait qui puisse m'avoir attiré la sévérité de notre bien-aimé monarque, reprit Thorigny d'une voix haletante.

— Encore une fois, monsieur le baron, hâtez-vous, si mieux vous ne préférez nous voir employer la rigueur.

— Du tout, du tout, messieurs... je suis à vous, tout à vous. Seulement, ne pourriez-vous m'apprendre en quel lieu vous êtes chargés de me conduire? reprit vivement le baron en proie à une vive émotion et tout en se jetant en bas de son lit.

— Nous ne devons ni ne pouvons vous répondre sur ce fait. Dépêchez, monsieur, dépêchez!

— Permettez, messieurs, que j'aille appeler mon valet de chambre, afin qu'il m'aide à m'habiller.

— N'appelez personne, monsieur, et permettez-nous de remplir auprès de vous l'office de ce valet.

— Quoi! vous seriez assez bons pour vous abaisser à ce point? En vérité, je ne puis accepter un pareil acte d'humilité, et je vais appeler...

— Encore une fois, vous ne pouvez sortir; habillez-vous comme vous l'entendrez et en route aussitôt, reprit un exempt en retenant brusquement le baron par le bras, tandis que son camarade se plaçait devant la porte de la chambre pour en barrer le passage.

Thorigny, forcé de se rendre, prend son parti, s'habilla assez gauchement et surtout le plus lentement possible, cela dans l'attente de voir quelques-uns de ses gens lui venir en aide et favoriser l'évasion qu'il méditait.

Vain espoir, car à peine a-t-il endossé son dernier vêtement, que les exempts, après l'avoir pris chacun sous un bras, l'entraînent d'un pas rapide à travers ses appartements, la montée de la cour, pour le conduire hors de la grille de sa propriété, jusqu'à la voiture qui l'attendait près de là et dans laquelle on le fit monter et prendre place entre ses deux gardiens.

Ladite voiture partit au galop des deux vigoureux chevaux qui l'entraînaient, et notre baron, muet et tremblant, ne rêvait en ce moment que Bastille ou autre prison d'État, fut fort surpris, après avoir roulé un quart d'heure, de voir la voiture entrer dans la cour du château de la Nonnette, demeure des deux belles invisibles.

— Malpeste ! en serais-je pour ma peur ? me serais-je trompé ? car tout cela me produit maintenant l'effet d'un enlèvement amoureux... Décidément me voici prisonnier de l'amour, acheva le baron en voyant la voiture s'arrêter au pied du perron du château et deux valets en grande livrée venir ouvrir la portière.

Thorigny, introduit dans la riche demeure, est conduit par les deux exempts, et, après maints détours dans un salon où, à sa grande surprise, au lieu de juges, de gardes et de guichetier, il n'aperçoit que deux jeunes et jolies femmes souriantes et gracieuses qui, s'étant levées pour le recevoir, l'engagèrent à vouloir bien s'asseoir en face d'elles.

— Mesdames, je...

— Silence, monsieur, et avant de prendre la parole, veuillez d'abord nous entendre, fit Vénus, la première, pour ajouter ensuite, lorsqu'ils furent assis tous les trois : Nous sommes vos juges, monsieur, et qui plus est, les arbitres de votre sort en vertu de cette lettre de cachet, qui nous autorise à vous faire conduire et enfermer à perpétuité à la Bastille ou autre forteresse à notre choix, pour crime de lèse-majesté et d'insultes faites par vous à une personne du sang royal.

— Permettez, permettez, belles dames, mais d'après ladite accusation que je viens d'écouter avec autant d'attention que de surprise, je crois qu'il y a erreur, interrompit Thorigny.

— Quoi ! osez-vous nier que vous êtes le baron de Thorigny ? — Je le suis en effet, mais...

— Que vous êtes l'ami et le complice de l'indigne comte de Chaverny ? reprit Vénus avec fermeté et de l'air le plus digne.

— Ami, cela est encore vrai ; mais complice de quoi ?...

— Vous osez le demander ! s'écria Piazetta.

— Hélas ! oui, mesdames, et si c'était un effet de votre gracieuseté de daigner me l'apprendre...

— Soit ! reprit Vénus, pour ensuite continuer en ces termes : N'est-ce pas vous qui, il y a trois jours, osâtes, lors de votre rencontre avec elle dans la forêt, essayé de faire violence à la fille bien-aimée, ci-présente, du prince royal Henri de Bourbon-Condé ? N'est-ce pas vous encore qui, de concert avec le dit marquis, vous permettez de ravager cette propriété princière, d'en séduire les serviteurs et d'y pénétrer nuitamment ?

— Ainsi, mesdames, ce fut vous que ce diable incarné de Chaverny et moi rencontrâmes dernièrement ?

— Nous-mêmes.

— Et l'une de vous a l'excessif honneur d'être la fille de monseigneur l'illustrissime prince Henri de Bourbon-Condé ?

— Oui.

— Hélas ! croyez-bien, belles dames, que j'ignorais... Ensuite, comme j'ai l'honneur de vous le dire, tout ceci est le fait de cet enragé de Chaverny qui vous adore et se dépite du peu de cas que vous semblez faire de sa personne, répliqua humblement le baron, en ce moment sous l'empire de la frayeur affreuse que lui inspirait la perspective peu flatteuse d'une détention perpétuelle.

— Ainsi, baron de Thorigny, reconnu coupable sur tous les points, madame la comtesse de Chaverny, ci-présente, reprit Vénus d'un grand sérieux en se levant ainsi que Piazetta, et moi, nous vous condamnons, de par le roi, à être conduit et enfermé à la Bastille...

— Au nom du ciel, mesdames, prenez pitié d'un pauvre gentilhomme qui n'a pu pécher que par ignorance, et pour qui la prison serait une mort infaillible, fit de Thorigny d'un ton suppliant et les mains jointes, en fixant sur les deux jeunes femmes un regard où se peignaient le désespoir et la frayeur.

— Baron de Thorigny, afin que vous ne puissiez douter du droit en vertu duquel nous vous condamnons, veuillez jeter les yeux sur cette lettre de cachet confiée à notre pouvoir discrétionnaire, ainsi que sur cette autre tracée de la main du prince Henri de Bourbon-Condé, reprit Vénus en présentant lesdites lettres au baron, qui s'empressa de les saisir d'abord pour lire son nom tracé en toutes lettres sur la première, et, sur l'autre, ces mots écrits de la main du prince de Bourbon-Condé, et adressés à sa fille :

« Chère fille, que tout audacieux qui oserait oublier le respect dû à votre rang soit à l'instant même puni selon votre volonté et la gravité de son crime ; car, manquer à ma bien-aimée fille, c'est manquer à moi-même et insulter en ma personne la dignité du sang royal.

« Salut et protection. « HENRI DE CONDÉ. »

— Eh bien ! baron de Thorigny, que pensez-vous de tout cela ? reprit Vénus en voyant le pauvre baron terrifié et plus pâle qu'un mort.

— Je dis que je suis un homme perdu, si la bonté et la générosité de mes juges n'égalent pas la ravissante beauté dont le ciel s'est plu à orner leurs gracieuses personnes, balbutia galamment le baron.

— Monsieur de Thorigny, il dépend de vous d'obtenir de notre munificence grâce pleine et entière, reprit Vénus qui, comme on le voit, faisait office de président.

— Oh ! parlez, parlez, mesdames, et, d'avance, je me soumets à tout ce qu'exigera votre suprême volonté, s'écria de Thorigny avec empressement.

— Baron, répondez ?... Jurez-vous d'être fidèle à l'avenir à toutes les conditions que le tribunal va vous dicter par ma voix ?...

— Je le jure ! fit de Thorigny, en levant la main.

— Désormais, vous devenez notre fidèle allié ?

— Je le jure !

— Vous vous engagez à cesser toutes espèces d'hostilités envers la comtesse de Chaverny et moi, Vénus de Miremont, vicomtesse de la Peyronie ; de garder, à l'égard de M. de Chaverny le secret sur nos noms et qualités ?

— Je le jure ! répéta de Thorigny.

— De plus, vous vous engagez à venir nous instruire secrètement de toutes les noires perfidies que ledit comte de Chaverny oserait à l'avenir comploter et vouloir entreprendre contre nous ; afin qu'il nous soit permis de déjouer ses ruses et de l'en punir ?

— Je le jure ! fit encore de Thorigny du plus profond de son cœur.

— Puisqu'il en est ainsi, le tribunal vous octroie votre grâce et annule la procédure, se réservant seulement la conservation des armes nécessaires pour parer au parjure et le punir, si lieu il y avait, termina Vénus, tout en repliant avec affectation la lettre de cachet qu'elle enferma soigneusement dans le tiroir d'un meuble.

— Monsieur le baron, vous êtes libre de vous retirer, si mieux ne préférez faire plus ample connaissance, en demeurant quelques instants de plus avec nous, fit à son tour Piazetta du ton le plus aimable comme le plus engageant.

— Toute la vie pour vous adorer et vous servir à genoux, si vous daignez me le permettre, aimables dames, répliqua vivement le baron, chez qui la joie et le désir de faire le beau avaient succédé à la crainte.

XXV

Revenons maintenant à Robert que nous avons laissé rôdant aux environs du château, et voyons-le s'en approcher de plus en plus, attiré comme le papillon par la lueur de la vive clarté qui, ce soir-là, illuminait le château et le parc.

— Qu'est-ce donc ? une fête, un bal ? se dit de Chaverny, aux oreilles de qui venaient résonner les sons harmonieux d'un bruyant orchestre.

Robert ne se trompait pas ; car, ce soir-là, Vénus, à l'occasion d'une nouvelle faveur royale accordée à son époux, faveur dont elle avait reçu la nouvelle l'avant-veille, Vénus donc donnait une petite fête à ses amis, qu'elle avait convoqués sans bruit et en l'honneur de leur présence le prince de Bourbon-Condé ainsi que la belle marquise de Presle.

Cette fête intime se composait d'un concert et d'une représentation théâtrale exécutés par la troupe du Théâtre-Italien, appelée de Paris tout exprès.

C'était sur un charmant petit théâtre construit dans un îlot, situé au milieu de l'étang du parc, que devaient avoir lieu toutes ces choses auxquelles assistaient bonne et nombreuse société.

Robert, qui était venu rôder près de la grille de la cour d'honneur, aperçut le grand nombre de carrosses qui déjà l'encombraient.

— Parbleu ! se dit notre rôdeur, l'occasion me paraît bonne et favorable et je veux en user.

Ce fut alors que, profitant de la venue d'un riche carrosse attelé de quatre chevaux qui entrait dans la cour, de Chaverny, ainsi qu'un malfaiteur, de la faufila vivement dans ladite cour et gagna le parc, dont la grande avenue était éclairée en ce moment par une brillante illumination.

Robert qui, pour ne pas être reconnu, se cachait une partie du visage dans son mouchoir, eut le soin encore, afin d'éviter quelque rencontre fâcheuse, de suivre une contre-allée, d'où, tout en marchant, il épiait à travers le feuillage d'une charmille, les invités qui, descendus de voiture, se dirigeaient vers l'îlot et parmi lesquels, à sa grande surprise, il reconnut le prince de Bourbon-Condé qui cheminait lentement dans l'avenue, entouré de plusieurs personnages d'un haut rang, avec lesquels il s'entretenait du ton d'une aimable familiarité.

Bientôt le cortége du prince se grossit de deux nouvelles personnes, de deux jeunes et jolies femmes qui s'étaient empressées d'accourir à sa rencontre, après avoir eu connaissance de son arrivée.

Rien ne peut dépeindre la surprise ni l'émotion qui en ce moment s'emparèrent de Chaverny, en reconnaissant dans ces deux femmes Piazetta et Vénus.

— Elles ici! murmura-t-il, seraient-ce elles par hasard qui habitent ce château? Elles que je poursuis, dont je me dis amoureux? Par ma foi! l'aventure serait singulière... Comme ma femme est jolie! Parole! elle est devenue encore cent fois plus belle, plus adorable qu'elle n'était... Diable! mais il paraît qu'elle est au mieux avec Son Altesse Royale... Le prince l'embrasse, il s'empare de son bras... Elle lui sourit... presqu'avec tendresse... Est-ce que par hasard Son Altesse se serait chargée du soin de consoler ma femme? Est-ce que je serais déjà?... Oh non! Piazetta a de la vertu... Oui, mais elle a terriblement à se venger de moi.

Ainsi se disait Robert, qu'une simple charmille séparait seule de la société qu'il suivait pas à pas.

Au bout de cette longue avenue était une verdoyante pelouse, accidentée par des massifs d'arbustes et de fleurs que Robert traversa pour se rendre à l'îlot qu'indiquaient des guirlandes de feu qui serpentaient d'arbre en arbre, d'où s'échappaient encore les sons d'une musique harmonieuse et de bruyants cris de joie. Mais pour arriver à cet Eldorado du plaisir il fallait s'embarquer dans de légères et élégantes nacelles conduites par de jeunes mariniers, chargés de conduire les arrivants d'un bord à l'autre.

Robert, qui avait dépassé le prince et sa suite, n'hésita pas un instant pour sauter dans l'une des frêles embarcations et de donner ordre au batelier de le passer vivement moyennant une pièce d'or qu'il lui glissa dans la main.

Il vogue, puis atteint l'îlot sur lequel il s'élance, pour aller se blottir près du débarcadère dans une touffe d'arbustes, d'où il lui est permis de voir tout ce qui se passe.

Un instant d'attente et Robert voit aborder la gondole qui porte le prince, Vénus et Piazetta.

— Où vont-ils ainsi? se demandait Robert en se mettant à suivre le prince et les deux dames qui venaient de débarquer et s'avançaient dans l'île, au milieu de laquelle s'élevait un élégant pavillon, dans le vaste salon duquel on avait construit le théâtre où devait avoir lieu la représentation qui, pour commencer, n'attendait plus que l'arrivée de l'Altesse Royale qui allait l'honorer de sa présence.

Robert qui, à certaine distance, marchait derrière le prince, le vit, avec surprise et dépit, s'écarter de sa suite et emmener Piazetta pour pénétrer, seul avec elle, sous une salle de verdure située à peu de distance du pavillon.

— Décidément, je le suis, dit Robert avec colère; monseigneur, je consens à quitter mes maîtresses, mais non à ce qu'un autre me remplace auprès d'elles, et encore moins lorsqu'il s'agit de ma légitime. En vérité, vous mériteriez que j'instruise votre belle de Presle de cette infidélité; mais vous n'y perdrez rien pour attendre.

En disant ainsi, de Chaverny se glissait vers la salle de verdure; mais, n'osant y pénétrer, il se contenta d'entr'ouvrir le feuillage et de lancer son regard dans l'intérieur.

— Malédiction! fit-il tout déconcerté en apercevant sa femme assise sur un banc de verdure à côté du prince sur l'épaule duquel elle appuyait câlinement sa charmante tête, comme pour mendier un doux baiser que Condé, qui lui souriait avec tendresse, déposa sur son beau front, au grand déplaisir de Robert qui, à la vue de ce baiser, laissa échapper hautement de ses lèvres l'épithète d'adultère, en accompagnant ce mot injurieux d'un violent coup de poing frappé sur le treillage qui, recouvert de lianes à fleurs odorantes, tressaillit de la base au sommet.

— Qui diable se dispute ainsi là-bas? s'écria le prince en quittant le banc et entraînant Piazetta par la taille vers l'entrée, où ils rencontrèrent Vénus qui venait les prévenir que la toile allait se lever, et qu'ils eussent à se rendre au théâtre.

Robert, qui veut pousser l'aventure jusqu'au bout, afin de bien se convaincre que cette femme, dont il était quelquefois surpris à se reprocher l'abandon, ne valait pas mieux que beaucoup d'autres, après avoir jeté un regard scrupuleux sur sa toilette et s'être assuré qu'elle était des plus présentables, n'hésita pas à pénétrer dans le pavillon, pour aller se placer honteusement dans l'endroit le moins éclairé et de façon à pouvoir, d'un coup d'œil, embrasser toute la petite salle de spectacle, qui ne se composait que d'un parterre et d'une seule galerie, au milieu de laquelle était placée une estrade où, sur un riche fauteuil à crépines d'or, trônait Son Altesse Royale, le prince de Bourbon-Condé, ayant à ses côtés Piazetta et Vénus, toutes deux ravissantes de beauté, de grâce et de toilette.

Piazetta tient sur ses genoux son charmant et jeune enfant à la blonde chevelure, auquel, en bonne et tendre mère, elle prodigue de nombreuses caresses.

Robert, les yeux constamment fixés sur sa femme, ne voit rien de ce qui se passe sur la scène.

Son cœur, tour à tour en proie aux regrets, à la jalousie, à la colère, bondit dans son sein, chaque fois qu'il voit le prince se pencher vers Piazetta et causer familièrement avec elle, en la contemplant avec un regard plein de tendresse et d'amour.

— Mille dieux! s'afficher ainsi, sans nul égard ni respect pour le nom qu'elle porte... Monseigneur, rendez grâce à votre rang suprême de la patience dont je fais preuve en ce moment, car, tout autre que vous paierait cher l'honneur de me ridiculiser, s'écria Robert, emporté par le dépit et assez haut pour que ces paroles fussent entendues des personnes qui l'entouraient et jetèrent sur lui un regard surpris.

— Eh! parbleu! je ne me trompe pas, c'est ce cher Robert de Chaverny... Par quel hasard te rencontré-je ici, mon bon, chez ta charmante femme? Ça! dis-moi, il y aurait-il eu réconciliation secrète, sans que personne s'en doutât? Eh ce cas, reçois mon sincère compliment.

Ainsi disait à notre mari, un jeune vicomte, son compagnon de captivité lors de son court séjour à la Bastille.

Robert voyant les regards de tous ceux qui l'entouraient se fixer sur lui, et ne se souciant pas de répondre à des questions qui lui étaient adressées presque à haute voix, s'empressa de quitter sa place pour sortir vivement de la salle, poursuivi par l'importun et indiscret vicomte qui, l'ayant atteint, s'accrocha brusquement à son bras.

— Ah çà! cher comte, que signifie cette fuite? méconnaîtrais-tu par hasard l'un de tes meilleurs amis, reprit notre vicomte, que Robert venait d'envoyer hors du pavillon.

— Pour Dieu! maudit curieux, ne pouvais-tu m'interroger plus bas sans trahir mon incognito et me donner en surcroît de spectacle à tous ces gens qui nous entouraient? fit Robert avec humeur.

— Comment! incognito! chez ta femme! voilà qui est curieux!... Ne serais-tu pas réconcilié avec elle?

— Non, parbleu, et, s'il faut te l'avouer, nous sommes plus ennemis que jamais.

— Alors, c'est ici le cas de te dire, mon très-bon, que viens-tu faire dans cette maudite galère?

— J'y suis venu guidé par la vengeance et à cent lieues d'en douter que je venais chez ma femme.

— Fort bien! mais de quelle insulte prétendais-tu tirer vengeance?

— Du dédain de deux femmes dont je fis dernièrement la rencontre dans un bal où elles figuraient masquées, que j'ai connues de ce pays où elles habitent, où je me suis fixé moi même dans l'espoir de faire connaissance avec elles et de parvenir à m'adorer. Mais apprécie combien est grand le désappointement qui m'arrive aujourd'hui, en reconnaissant ma propre femme et madame de la Peyronie, dans les deux femmes dont je me promettais la facile conquête.

— Eh bien! profite de l'occasion, très-cher, pour conquérir une second fois le cœur de la charmante femme qui, certes, mérite bien de ta part une amende honorable pour tous les mauvais tours que tu lui as joués.

— Tu penses ainsi? vicomte, dit Chaverny en fixant sur le jeune homme un regard narquois, mais, moi, qui ne suis et ne veux être un mari complaisant, n'estime une femme que selon son mérite, je trouve madame de Chaverny, puisque madame de Chaverny il y a, indigne de mon amour et encore moins de mon respect.

— Malpeste! cette suave créature, dont chacun t'envie la possession et blâme l'abandon où tu la laisses pour courir la prétentaine, aurait-elle tant soit peu inquiété la susceptibilité conjugale?

— Tu le demandes? Es-tu donc aveugle pour m'adresser une semblable question? Il me semble, cependant, que chacun est à même de juger le degré d'intérêt que monseigneur de Condé porte à madame de Chaverny, que Son Altesse s'est chargée de consoler de mes dédains.

— Tu es fou, mon pauvre marquis, répondit le vicomte en riant aux éclats, et, s'il m'était permis de parler ?

— Sans doute que tu m'expliquerais alors pourquoi cette générosité princière du Bourbon envers ma femme, et si les riches présents dont il la comble, cette protection dont il l'entoure, sont autres que le prix des baisers qu'elle lui donne et lui rend avec usure.

— Çà ! très-cher, qui t'a si bien instruit ?· s'informa le vicomte d'un ton railleur.

— Mes yeux, qui, ce soir, ont surpris ce tendre couple sous cette salle de verdure, et ont été témoins de ses amoureux transports... Oh ! mais, assez d'insolence comme cela ! car je ne me sens nullement d'humeur à continuer le rôle ridicule de mari d'une favorite. Oui, malheur à elle ! malheur ! termina de Chaverny avec colère et en frappant la terre du pied.

Ecoute, marquis, et suis le conseil que daigne en ce moment te faire entendre mon amitié : évite, crois-moi, un scandale inutile et fort dangereux pour ta liberté... Songe qu'ici, tu as affaire à un homme puissant qui, d'un mot, d'un geste, peut te renvoyer à la Bastille pour le reste de tes jours. Songe encore que monseigneur Henri de Bourbon-Condé, qui est fort mal disposé contre toi, ne demande pas mieux que de saisir la première occasion que ton imprudence lui fournira pour te faire un mauvais parti, et même je suis convaincu que, s'il se savait ici, la chose tournerait fort mal pour toi... Or, mon très-cher, je terminerai cette petite harangue, toute dans ton intérêt, par te conseiller de battre en retraite le plus tôt possible et de ne point attendre qu'on vienne t'y engager si le malheur voulait que tu eusses été reconnu.

— Partir ! allons donc !... Je veux avant me venger, je veux jeter l'insulte à la face d'une femme adultère et hypocrite.

— De Chaverny, mon très-bon, garde-toi de commettre une imprudence dont on tarderait peu à te faire repentir, et, docile à mes conseils, consens à·quitter ces lieux où le vent de la tempête s'apprête à souffler sur toi.

— Aurais-je été reconnu ? s'informa vivement Robert.

— Je le pense... Mieux encore, vois ces hommes à la livrée de Condé qui rôdent en ce moment autour de nous ? reprit le vicomte en indiquant du doigt plusieurs personnages qui, dans l'ombre semblaient les suivre et les épier. Ce que voyant, l'impétueux Robert quitta aussitôt le vicomte pour se diriger droit vers celui qui se trouvait le plus près de sa personne et, reconnaissant en lui un valet, il le saisit brusquement au collet.

— Que me veux-tu, laquais ? de par quel ordre te permets-tu d'épier mes démarches ?

— Vous faites erreur, monsieur le comte, je me promène, je prends le frais, voilà tout, répliqua le valet d'un ton quasi goguenard.

— Ah ! tu me connais, tu sais mon nom ?

— Oui, monsieur de Chaverny.

— Alors, tu connais aussi ma femme ?

— Oui, monsieur le comte.

— Eh bien, va-t'en la trouver et lui dire de ma part, que je l'attends ici au passage, afin de lui jeter l'insulte au visage, après l'avoir accostée au bras de son amant, ton illustre maître, ajouta Robert d'un accent où perçaient la fureur et le dépit.

— Corne de cerf ! tu n'en feras rien j'espère, fit vivement le vicomte.

— Je le ferai, et malheur à celui qui tenterait de s'y opposer.

— Ainsi, tu es bien résolu à commettre cette imprudence ?

— Je le suis ! répliqua Robert avec fermeté.

— Et, pour te procurer le bon plaisir d'outrager une femme que tu n'aimes pas, à laquelle tu as renoncé volontairement, que tu as même oubliée jusqu'à ce jour, tu te décides d'encourir bénévolement le courroux du prince de Condé ?

— Qu'il m'aime ou non, il ne me plaît pas d'être minotaurisé, fussé-même par le roi !

— De Chaverny, je n'ai plus qu'un mot à te dire : les apparences t'abusent, mon très-bon, et ta femme est la plus méritante de toutes les femmes.

— Corbleu ! voilà un singulier langage qui me fait soupçonner en toi, vicomte, un lâche courtisan ou un amoureux, et me donne diablement envie de t'en demander raison !

— Je dénie cette accusation sans pour cela refuser la partie que tu me proposes, pauvre fou ! répliqua sèchement le vicomte.

— Volontiers, car tout ce qui est ami de la ci-devant chevrière, devenue comtesse de Chaverny, de par moi et la volonté de monseigneur de Bourbon, est mon ennemi intime. Or çà, vicomte, je suis prêt, répondit de Chaverny en portant la main sur la garde de son épée.

— Quoi, à l'instant même, au milieu d'une fête, tu exiges ?...

— A l'instant même, fit Robert.

— Sans témoins, y penses-tu ? crois-moi, remettons l'affaire à demain en présence du soleil, ce sera plus prudent.

— Vicomte, j'aime à terminer vivement ces sortes d'affaires.

— Et moi à les mûrir, répondit le vicomte en tournant le dos à Robert pour s'éloigner ; mais Robert se disposait à le retenir lorsqu'il fut aussitôt entouré par plusieurs valets qui, s'étant jetés sur lui, s'empressèrent de le désarmer et de l'enlever de terre, pour l'emporter au pavillon et aller l'enfermer dans une chambre haute où ils le laissèrent seul et sans lumière, après l'y avoir enfermé en dépit de ses menaces et de ses cris.

De Chaverny, après avoir juré et tempêté, après avoir assommé la porte à coups de pieds et à coups de poings jusqu'à l'épuisement total de ses forces, voyant que tout demeurait calme et muet, se décida à prendre connaissance de la chambre dans laquelle il se trouvait, autant que le lui permettaient les faibles rayons de lune qui pénétraient dans cette chambre par un étroit vitrage solidement grillé et situé à quinze pieds d'élévation, seule ouverture qui existât dans cette vaste pièce, espèce de rotonde surmontée d'un dôme. S'étant peu à peu habitué à l'obscurité, les yeux de notre prisonnier finirent par distinguer un lit, des meubles, enfin tout le confortable d'une riche chambre à coucher.

XXVI

Robert, brisé par la colère et la fatigue, se jeta sur un siége en grondant et en soupirant, et là, tandis qu'il roulait dans sa tête mille projets de vengeance, ses yeux s'appesantirent et le sommeil s'empara de ses sens.

Lorsque notre prisonnier se réveilla, les flots d'un soleil radieux inondaient la chambre et Robert, étonné d'avoir pu dormir aussi longtemps, le fut encore plus, en apercevant devant lui une table sur laquelle était servi un excellent et copieux déjeuner, accompagné de plusieurs bouteilles, dont les formes bizarres faisaient bien augurer de la liqueur qu'elles contenaient. Robert, à cette vue, commença par lever les épaules de pitié et passa dédaigneusement devant cette table qui, par le fumet qui s'en exhalait, semblait le convier à s'y asseoir.

De Chaverny commença donc par courir vers la porte, afin de l'examiner et de s'assurer s'il n'y aurait pas moyen de l'ouvrir. Impossible ! doubles serrures, d'une force et d'une grosseur prodigieuses ; quant à la lanterne située au faîte du dôme, impossible encore d'y atteindre, et, d'ailleurs, les barreaux de fer dont elle est garnie invitent peu à tenter une ascension inutile et dangereuse.

Robert, voyant que tout moyen de fuite lui était interdit, se remit à jurer et à tempêter ; puis, comme la journée s'avançait et que l'appétit pour se faire sentir n'avait pas attendu sa volonté, il jeta un regard de convoitise sur les mets appétissants qui couvraient la table, et dont la vue et les émanations le décidèrent à s'attabler.

Après avoir déjeuné d'une façon des plus confortables et vidé deux flacons d'un xérès délicieux, Robert, paresseusement étendu dans un large et profond fauteuil, se livrait, tout en digérant, à ses réflexions et aux moyens qu'il pourrait employer pour échapper à sa captivité, lorsque son regard avisa une lettre à son adresse qui se trouvait sur la table et qu'il n'avait pas aperçue d'abord. Prendre cette lettre, l'ouvrir et en lire les lignes suivantes, ne fut pour Robert que l'affaire d'un instant :

« Monsieur de Chaverny sera libre ce soir. La prudence lui
« commande de suivre en silence la personne qui viendra le
« prendre à la nuit, pour le conduire hors de ce château, après
« avoir reçu de lui le serment qu'il cessera désormais toutes
« hostilités envers les personnes qui l'habitent. C'est en sous-
« crivant à ces conditions seules que monsieur de Chaverny
« pourra se soustraire à la longue captivité qui lui est réservée,
« comme une juste récompense de ses hauts faits envers deux
« femmes inoffensives qui daignent aujourd'hui oublier, mai

« qui, demain, sauraient punir son audace et de nouvelles « insultes. »
— Renoncer à me venger, à punir une femme coupable et oublieuse de ses devoirs d'épouse ! Non pas ! Ah, monsieur de Condé ! vous exigez que j'endure en silence l'injure que vous imprimez gracieusement à mon front, que je sois cocufié et content... Mille dieux ! il n'en sera pas ainsi !... Guerre à mort ! Guerre à mort ! s'écria Robert avec colère et force.

Ainsi que l'en prévenait la lettre, sur le soir, à la nuit close, la porte de sa prison s'ouvrit, et un homme, enveloppé d'un manteau, se présenta, en l'appelant par son nom.
— Jurez d'observer ce que contient la lettre et vous êtes libre, monsieur le marquis, fit cet homme.
— Je ne jure que ce qui me plaît, répliqua Robert en repoussant le messager au fond de la chambre, pour ensuite s'élancer vers la porte, la tirer sur lui, et enfermer son libérateur à sa place.

Cela fait, et sans tenir compte des imprécations du nouveau prisonnier, Robert cherche l'escalier à tâtons, le trouve, le descend et quitte le pavillon sans obstacle. Il gagne le large, mais ne trouve ni nacelle ni gondole pour sortir de l'îlot. Robert, prenant bravement son parti, se jette à l'eau, nage, atteint la rive, puis le mur du parc qu'il escalade. Il est libre, il court à travers champs, et ne se retourne que pour envoyer la menace aux habitants de ce château, d'où il s'échappait pour la seconde fois, colère, honteux et bafoué.

XXVII

— Vénus, je te le répète, chère et bonne amie, tu as eu tort de jouer avec cet homme vindicatif, dont nous nous sommes attiré la haine. Vois, depuis quinze jours tout le mal qu'il nous fait en saccageant les dépendances de cette propriété, en détruisant sans pitié notre pauvre gibier et surtout en tuant nos jolies biches, que nous avions tant de plaisir à rencontrer dans nos promenades, et dont quelques-unes accouraient joyeuses et bondissantes au son de notre voix ; sans compter encore que nous n'osons plus sortir, dans la crainte d'être rencontrées et insultées par cet homme, contre les méfaits duquel et en faveur du lien qui m'attache à lui, je ne puis sévir ; ainsi disait un matin Piazetta à Vénus, qui l'écoutait en souriant.
— Certes, belle chérie, qu'il y a longtemps que j'aurais mis ordre à toutes les gentillesses tant soit peu brutales de monsieur de Chaverny, si ce beau muguet n'était votre époux et maître ; mais qu'il y prenne garde, il n'est à la fin telle bonne patience qui ne se lasse ; quant à avoir cessé nos promenades, à qui la faute ? à toi, petite poltronne, qui redoutes la rencontre de notre ennemi intime, et me refuse la permission de lui brûler moi-même la cervelle à la nouvelle et première insulte qu'il oserait nous faire... Crois-moi, Piazetta, pas de pitié pour un homme assez lâche pour se prendre à deux pauvres femmes dont le seul tort, à ses yeux, est d'avoir repoussé son hommage et le triste honneur de voir leurs noms figurer sur la liste de ses conquêtes. Piazetta, sois courageuse, fie-toi à mon courage comme à mon adresse et, cessant de nous cacher comme deux poltronnes derrière nos murailles, montons à cheval et allons courageusement affronter notre ennemi.
— Gardons-nous bien d'une pareille imprudence, ma bonne Vénus, et si tu es sage, accepte le seul moyen que je t'ai déjà proposé, celui de quitter ce pays pour retourner à Paris où M. de Chaverny, quand bien même il nous y suivrait, n'oserait sans doute continuer la guerre injuste qu'il nous fait ici.

Comme Piazetta terminait ces mots, elle et Vénus causant ainsi sur la magnifique terrasse du château, un de leurs gardes s'approcha vivement d'elles, en les suppliant de vouloir bien l'entendre.
— Parlez et surtout parlez vite, Pierre, car votre pâleur et votre air consterné semblent nous pronostiquer quelque grand événement, dit Vénus.
— Je venons, nos maîtresses, vous dire de la part des camarades et de la mienne itou, qu'il n'y a plus moyen d'y tenir avec ce scélérat de comte de Chaverny, lequel, à c'matin, a encore fait des siennes en tirant à coups de fusil les beaux cygnes de nos étangs, les ceux que vous aimiez tant à voir venir manger dans votre main.
— Quelle infamie ! s'écria Piazetta.
— Oh ! ce n'est pas tout encore, car non-seulement les cygnes, mais encore les poissons de l'étang qu'il a envoyés se promener dans la plaine, en faisant c'te nuit lever les vannes et ouvrir les écluses.
— Comment, le garde des étangs ne s'est point opposé de tout son pouvoir à une pareille violation ? fit Vénus avec force et impatience.
— Tout de même, et si bien que le délit ne s'est accompli qu'après que le pauvre garde eût été renversé d'un coup de feu tiré sur lui par cet enragé de Chaverny.
— Le lâche ! assassiner un serviteur fidèle qui défend la propriété de son maître ! s'écria Vénus.
— Aussi, nos maîtresses, venons-nous, au nom des camarades, vous demander la permission d'aller porter notre plainte au bailliage, afin d'apprendre à ce monsieur de Chaverny que tout seigneur qu'il étions, il n'a pas le droit de tuer les braves gens qui font leur devoir.
— Non, Pierre, pas de dénonciation, je vous en supplie ! dit vivement Piazetta, pour s'informer ensuite de l'état du garde, et apprenant que cet homme n'avait eu que le bras cassé :
— Tenez, reprit la jeune femme en remettant à Pierre une bourse où l'or brillait à travers les réseaux, remettez cela au pauvre blessé, mais comme un faible à-compte du bien que je veux lui faire. Dites encore à tous vos camarades de se taire sur cette triste aventure, et que je saurai récompenser leur silence.
— Comment, not'maîtresse, vous prétendez pousser l'indulgence au point de ménager un assassin ? fit le garde avec surprise.
— Pierre, pas d'observations et faites ce que vous ordonne votre maîtresse, dit Vénus.
— Suffit, on obéira, répondit humblement Pierre en se retirant après avoir salué.
— C'est égal, je ne pouvons comprendre une pareille indulgence, et puisqu'elles n'ont pas le courage de punir, je conseillons à ce beau seigneur de ben se tenir, s'il ne veut, à la première fredaine qu'il nous fera, faire connaissance avec la balle de not' fusil, murmura le garde en quittant le château.

Tandis que les choses se passaient ainsi au château, Robert, attablé avec de Thorigny, se livrait à de violents éclats de rire.
— Holà ! et de grâce, ami, fais-moi part au moins du sujet qui t'occasionne cette hilarité ? demanda de Thorigny, tout en versant le vin à plein verre.
— Une idée folle et d'une exécution facile ; enfin, le moyen infaillible de me venger de ces femmes, la mienne surtout, à qui j'ai juré haine à mort.
— Superbe alors, cher Robert ; mais explique-moi de quoi il s'agit. D'incendier leur château peut-être, ainsi que tu en as eu déjà la pensée.
— Ce moyen serait excellent, et déjà je l'eusse mis à exécution, mais ce qui m'a retenu jusqu'alors, c'est que cette plaisanterie, que dame justice ne trouverait sans doute pas de son goût, pourrait m'occasionner quelques démêlés avec elle, répliqua Robert.
— Bah ! ne sommes-nous pas de hauts et puissants seigneurs ? Quel tribunal oserait s'en prendre à nous ?
— Certes, s'il ne s'agissait que de misérables roturiers enrichis, nous pourrions agir en toute sécurité, les brûler vifs même, car alors on appellerait cela un passe-temps de grand seigneur, et chacun en rirait ; mais ces femmes sont les protégées de Henri de Bourbon-Condé.
— C'est juste ; or, ne brûlons rien et contentons-nous de continuer le système dévastateur que nous avons entrepris.
— Non, j'y renonce, de Thorigny, car ce qui nous prouve l'impuissance de ce système, c'est le silence que gardent ces femmes, leur insouciance devant le ravage que nous avons commis sur leur propriété.
— Alors, dis-moi donc à quoi nous devons nous en prendre désormais ?
— Parbleu ! à leur plus chère affection, en enlevant certain petit enfant appartenant à ma chère femme et à moi, dit-on ; bambin des plus gentils, qu'elles adorent, et en les contraignant de venir elles-mêmes, vaincues et suppliantes, nous le réclamer ici.
— Ce plan est magnifique, et tu es un adroit général.. Robert, je m'incline devant ton génie. Seulement, comment s'emparer de ce précieux otage ?
— Rien de plus facile : une servante, espèce de vieille gouvernante, promène chaque jour mon cher fils dans le parc où je pénètre ; là je m'empare du cher petit que je te lance par dessus le mur et que tu reçois adroitement dans tes bras. Qu'en dis-tu ?

— J'approuve fort. Quand nous mettons-nous à l'œuvre ?
— Au sortir de table, car alors il sera midi et l'heure à laquelle je suis certain de rencontrer la proie dont j'ai hâte de m'emparer.

Peu de temps après cet entretien, nos deux seigneurs quittaient le pavillon pour se diriger, par un long détour, vers les derrières du parc, où selon son plan, Robert pénétra seul et par escalade, après avoir recommandé à de Thorigny de l'attendre à la place où il le laissait.

Thorigny, d'après son pacte avec Piazetta et Vénus, comptait leur reporter l'enfant aussitôt après que Robert le lui aurait remis entre les mains.

Robert s'avança avec précaution, en choisissant de préférence les taillis aux avenues, où des gens de la maison auraient pu l'apercevoir.

Ce fut non loin de la pelouse qui faisait face au château, et afin d'en voir sortir ceux qu'il attendait, que notre aventureux seigneur fut se cacher dans un épais buisson.

Après une demi-heure d'attente, et avec joie, Robert vit de loin accourir son jeune fils suivi d'une vieille servante, dont la marche lourde et lente était devancée de plusieurs pas par les petites jambes de l'enfant.

— Magnifique ! exclama alors Robert en voyant le petit s'enfoncer en courant sous une avenue sombre et tortueuse, malgré la défense de sa gouvernante qui l'appelait en grondant.

De Chaverny a quitté sa cachette, et, derrière une charmille qui longe l'avenue, il suit les pas de l'enfant, lequel, pour faire niche à sa bonne qui le poursuit, s'enfonce de plus en plus dans le taillis où Robert le saisit, lui ferme la bouche avec un mouchoir afin d'intercepter ses cris, pour s'enfuir ensuite vivement en l'emportant dans ses bras.

Malheureusement pour notre ravisseur, il s'agissait de quitter les taillis et de traverser plusieurs larges avenues avant de pouvoir regagner l'endroit où l'attendait de Thorigny.

Malheureusement encore, les cris de la gouvernante, qui ne retrouvait pas son jeune élève, avaient jeté l'alarme et éveillé l'attention des gardes.

L'un de ces derniers qui, planté au beau milieu d'une route, tairait de quel coté venaient les cris et le danger, aperçut Robert, et dans ses bras l'enfant de sa maîtresse.

— Holà ! l'ami, venez ici ! crie-t-il au fugitif qui, sans tenir compte de cette invitation, continuait sa course. Mille tonnerres ! je ne me trompons pas, c'est ce gueux de comte de Chaverny qui vole not' petit maître... Attends, attends, misérable ! tu vas avoir affaire à moi, foi de Pierre qui est mon nom.

En disant ainsi, Pierre courait de toutes ses jambes à la poursuite de Chaverny qui, pour lui échapper, s'était jeté dans le fourré, mais dont le bruit du feuillage, le bruissement des feuilles mortes qu'il écrasait en marchant, indiquaient le passage.

Après cent détours et une course rapide, Robert est enfin parvenu à regagner le mur derrière lequel l'attend de Thorigny.
— Baron, es-tu là ?
— Oui.
— Alors reçois cet enfant.

Et en disant, Robert passait le petit être par dessus le mur et attendait que Thorigny le tint pour lâcher prise, lorsque le bruit d'un coup de feu se fit entendre, et que Robert, percé d'une balle, tomba sanglant sur la terre.

CONCLUSION

Quinze jours après ce dernier événement, deux jeunes femmes et un enfant entouraient le lit d'un moribond : c'étaient Piazetta et Vénus veillant au lit de mort du comte de Chaverny, près de mourir des suites de sa blessure.

Robert tenait dans ses mains celles de sa femme et de son fils, tout en fixant sur l'un et l'autre un regard où se peignaient le regret et le repentir.

— Adieu ! toi dont j'ai fait le malheur et qui daignes me pardonner, disait le malade d'une voix faible à sa jeune épouse. Piazetta, reprit-il après un instant de silence, au nom du ciel, cache mes fautes à notre enfant, fais qu'il ne maudisse pas la mémoire de son père... Sois heureuse, chère ange dont j'ai méconnu les précieuses qualités, dont j'aurais dû me faire aimer et qui n'as pu que haïr en moi un pécheur endurci. Adieu ! vous qui, après m'avoir recueilli, avez encore veillé sur mes souffrances, adieu ! et priez le ciel, afin qu'il pardonne au coupable Robert.

Quelques mots inintelligibles s'échappèrent encore des lèvres du marquis, puis il rendit le dernier soupir après avoir de ses lèvres pressé le front de sa femme et celui de son enfant.

Un mois après la mort du comte de Chaverny, Vénus écrivait à son mari, et dans les mots que renfermait sa lettre, se lisaient ceux-ci :

« Elle est veuve enfin, elle est libre ; cela veut dire, cher
« époux, qu'il faut nous ramener ce bon Georges qu'elle aime
« toujours, qu'elle n'a pu oublier et qui, pour sa noble et vail-
« lante conduite dans le métier de marin, a su se rendre digne
« d'elle... Nous solliciterons pour ce brave des lettres de no-
« blesse, et nous nous empresserons de le marier à sa Pia-
« zetta... Que dites-vous de ce projet ?... »

Ce projet devint en effet une réalité, puisque deux ans plus tard, Piazetta devenait madame Georges, et Georges, de par la grâce de sa majesté le roi Louis XV, marquis de Perceval et gendre du prince Henri de Bourbon-Condé.

FIN.

LE MORT MARIÉ

I

Deux jeunes gens partaient, il y a quelques mois, de Marseille pour Paris.

Bien que compatriotes, ils ne se connaissaient ni de près ni de loin, et ce grand arrangeur de drames ou de comédies, c'est selon, qu'on appelle le hasard, les avait mis en face l'un de l'autre dans le même wagon.

Après le premier quart d'heure, ils se mirent naturellement à causer de la pluie, du beau temps, de la vapeur, du télégraphe électrique, de la prima dona, de la célérité vertigineuse des voyages, de ceci et de cela; toutes choses par lesquelles les langues se dérouillent en voyage, et qui sont à une conversation plus expansive ce que sont, à l'ouverture d'un opéra quelconque, les capricieux préludes de l'orchestre.

Au bout d'une demi-heure, ils s'offrirent réciproquement des cigares, moyennant quoi le colloque traversa les mers, passa par Manille, fit une pointe jusqu'à la Havane, revint par Tonnins, et ne s'arrêta un instant devant la régie que pour le vouer, entre deux bouffées de tabac exotique, aux malédictions les plus éternelles.

A Mâcon, ils prirent ensemble quelque chose sur le pouce, burent deux doigts de vin, échangèrent leurs réflexions sur le pied menu de telle voyageuse ou le frais minois de telle autre, et leur intimité s'en accrut.

Avant d'être à moitié route, ils s'étaient ouvert le cœur à deux battants, et chacun d'eux se pouvait promener dans la conscience de l'autre, comme dans la sienne propre.

« Moi, disait Jules de Cérisy, je vais à Paris épouser une dot assez ronde, fille unique d'un ami intime de mon père. »

— Moi, reprit Edouard Bernier, je change tout simplement d'air dans l'espoir de changer de position. N'ayant rien et n'étant rien à Marseille, je me suis dit que j'en trouverais toujours autant à Paris, sinon plus, et je vogue philosophiquement vers Babylone sous les voiles un peu lourdes de l'incertitude et de l'appréhension.

— Mon futur beau-père, reprit Jules, doit avoir des amis, de l'influence, et, si je puis vous être utile en quelque chose...

— Vous êtes mille fois bon... Et c'est un mariage d'inclination que vous faites, et cela va sans dire?

— Je l'espère.

— Comment! vous l'espérez?

— Mon Dieu! oui.

— Je ne comprends pas.

— C'est pourtant bien simple; mon père m'a dit : « Mademoiselle Clémence de Vieuville a dix-huit ans; elle est bonne, douce, jolie, parfaitement élevée, et fille unique par-dessus le marché. »

— Diable! mais voilà des qualités, interrompit Edouard.

— Son père, a continué l'auteur de mes jours, est mon camarade d'enfance. Il y a vingt ans que nous caressons l'espoir de resserrer les liens de notre vieille amitié en ne faisant plus qu'une famille. Dès que j'ai eu un fils, il a voulu avoir une fille, rien que pour cela, et il l'a eue. C'est à toi de voir maintenant si tu veux que nos châteaux en Espagne se réalisent ou qu'ils s'écroulent. »

— Et vous avez accepté de confiance? demanda Edouard.

— Dame! reprit Jules; que voulez-vous?

— C'est-à-dire que vous vous mariez un peu à la façon des princes, par procuration?

— C'est bon genre, n'est-ce pas?

— Peut-être est-ce bon genre; mais, quant à moi, si je venais jamais à jouer ma liberté, mon bonheur, mon tout, il me semble que je voudrais tenir les cartes et diriger mon jeu moi-même comme je l'entendrais.

— Si j'avais eu une inclination, je ne dis pas; mais mon cœur est libre comme l'air... Ensuite, quel est le fiancé qui connaisse jamais sa future? Et j'ajouterai : quelle est la future qui connaisse jamais son fiancé?

— Cependant...

— Voyons, reprit Jules, comment les choses se passent-elles habituellement? Une famille prend des renseignements sur un jeune homme que lui a fourni la voisine, qu'elle a pipé à la promenade ou pêché dans un bal. Bon! s'il miaule la romance et danse la polka, s'il est vacciné, si les dots sont en équilibre, et qu'il ait satisfait aux idées vulgaires sur l'éducation, on l'autorise à venir faire sa cour; n'est-ce pas?

— Oui, c'est à peu près cela.

— Que fait alors le jeune homme? poursuivit Jules; il repasse ses meilleurs rasoirs, arbore ses cols les plus irréprochables et ses cravates les plus victorieuses; il se fait tendre et empressé, joue de ravissantes variations sur ce thème éternel qu'on appelle l'amour, et rentre ses griffes sous des ongles roses parfaitement limés. En un mot, il dissimule les défauts qu'il a, et se pare momentanément des qualités qu'il n'a pas. »

Edouard fit un signe approbatif qu'il accompagna d'un sourire.

« Passons à la jeune personne, reprit Jules. Sa mère lui a recommandé de bien veiller sur sa langue ; elle l'a armée des instructions les plus positives sur le danger de montrer son vrai caractère ; elle lui a ordonné de graver sur ses lèvres un inamovible sourire de danseuse achevant une pirouette, et de ne rien laisser passer de son cœur sur sa physionomie. Elle est dès le matin, je parle de la future, lacée de pied en cap, coiffée, lissée, ficelée, pardonnez-moi l'expression, et chaussée de bottines qui se cambrent à miracle... Vous riez?

— Oui, répondit Edouard, je ris de la vérité du tableau.

— Vous offre-t-on des conserves, continua Jules, c'est elle qui les a faites. Ce torse de Spartacus et cette tête d'Alcibiade, c'est elle qui les a dessinés. Ce meuble en tapisserie est l'œuvre de ses doigts de fée. Entendez-vous le piano? c'est elle qui chaudronne. Elle va de la lingerie à l'office, de ses fleurs à sa perruche, de la broderie au tricot. Elle est active, elle est économe, elle est laborieuse... Heureux coquin que vous êtes d'avoir trouvé cet unique joyau parmi le strass, cette aiguille dans une botte de foin, cette violette parfumée parmi les chardons!...

— Ah çà ! reprit Edouard, vous devez être au moins veuf de deux ou trois femmes ?

— A Dieu ne plaise, cher ami ! mais je suis légèrement avocat.

— Peste ! vous appelez cela légèrement !

— Lourdement, si vous le préférez.

— Oh ! que non pas !

— Quant aux qualités du cœur et de l'esprit, poursuivit Jules de Cérisy, il va sans dire que la fiancée les a toutes... C'en est décourageant pour les autres, ma parole d'honneur ! Elle a horreur de la toilette, méprise souverainement les cachemires, et ne comprend pas qu'une femme mette sa gloire à faire ruisseler sur soi des rivières de diamants. Le bruit l'agace, le tumulte lui fait peur, le bal l'obsède, et le spectacle l'ennuie... Le royaume d'une femme est sa maison; la félicité réelle est dans l'union de deux âmes faites l'une pour l'autre. La sienne est faite pour la vôtre, bien entendu, et réciproquement. Un cœur et une chaumière : Philémon et Baucis, Roméo et Juliette, Pétrarque et Laure, Héro et Léandre, et que sais-je encore? Bref, cher ami, c'est la femme faite ange; c'est le ciel descendu sur terre tout exprès pour vous, ce qui est une charmante attention de sa part, n'est-ce pas ?

— Je le crois bien ! dit Edouard.

— En un mot, reprit Jules, on se costume l'âme et le corps; on prépare des échasses les plus inouïes; on se trompe mutuellement que c'est une bénédiction ! Cela dure quelques semaines, souvent quelques mois, sous l'anodine surveillance d'une mère indulgente; on se serre la main presque légalement, on chante au piano, on chuchote dans les coins, on se reconduit par les corridors les plus sombres, on fait un échange régulier de fleurs et de billets doux... Après quoi, le « oui » prononcé, les époux, bel et bien emprisonnés dans le mariage, jettent leur masque, ôtent leur fard, découvrent leurs rides, et ne peuvent plus se dégager de leurs liens...

— Que par effraction, acheva Bernier.

— Justement. Et vous croyez que, après avoir ainsi posé, paradé, caracolé en face l'un de l'autre, ces gens-là se connaissent mieux que nous ne nous connaissons, mademoiselle de Vieuville et moi, qui ne nous sommes jamais vus?

Nous avons généralement le bonheur bavard ; si bien que, cette thèse achevée, Jules se prit à entrer dans les plus minutieux détails, et à mettre tant de points sur les I que Edouard en sut bientôt autant que le futur lui-même sur la fiancée et sa famille.

Le voyage s'acheva gaiement en même temps que les histoires.

— Où descendez-vous ? demanda Jules à son nouvel ami.

— Ma foi ! je ne sais trop, reprit Edouard; mon intention était d'aller au hasard, les yeux fermés, et de charger le premier cocher venu de me conduire n'importe où.

— Le hasard, c'est moi, reprit Jules en riant, et je vous installe, de mon autorité privée, hôtel Richelieu, place Favart... C'est bien le moins que vous assistiez à mon mariage.

— Soit.

— Drôle de chose que la vie, n'est-ce pas ? reprit Jules. Hier, nous ne nous connaissions pas, et aujourd'hui... On a bien raison de dire qu'il n'y a pas d'endroit où il se passe plus de choses que dans l'univers.

II

Jules de Cérisy allait vers le port.
Edouard Bernier partait pour le cap des tempêtes.
Tout souriait à l'un, venu au monde sous un astre clément, à qui la vie n'avait envoyé que des sourires, et que pas une ronce, pas un ravin, pas un orage n'avaient arrêté dans sa route.

Tout semblait menacer l'autre, jeté sans lest, sans cargaison, sans boussole au milieu des tourbillons et des brisants de la bataille humaine.

Il est donc évident que, si l'on avait demandé au premier venu : Lequel voudriez-vous être, d'Edouard ou de Jules ? le premier venu aurait opté pour Jules. Ce qui n'empêcha pas le pauvre garçon, malgré tous les secours imaginables, d'être enlevé en moins de rien dès la première nuit de son arrivée à Paris, par une de ces implacables coliques auxquelles on a donné le lugubre nom de *miserere*.

C'est que none compte les surfaces, voyez-vous ! c'est que le phénomène du mirage se produit partout et à chaque pas; c'est qu'il y a toujours en l'air, suspendu à un simple fil que le moindre souffle peut briser, un événement quelconque qui va tout à coup faire rire la tristesse ou pleurer la joie.

Edouard s'acquitta, comme il le devait, des tristes devoirs que lui imposait la circonstance. Il donna des ordres pour que les funérailles fussent convenables ; puis, sachant que le défunt était impatiemment attendu chez sa future, il se munit de tous les papiers de Jules et s'achemina, dès le lendemain matin, vers le domicile du beau-père, dans l'honnête intention de lui remettre ces papiers et de l'informer de la catastrophe inattendue qui faisait de sa fille une veuve prématurée.

III

M. de Vieuville, sa femme et mademoiselle Clémence étaient à la campagne, à Maisons-Laffitte.
Edouard prit le chemin de fer et y alla.
Jusque-là, rien ne s'écartait des règles de la plus farouche délicatesse.

Arrivé à la grille du château (c'était un château, ma foi !) les domestiques, instruits qu'un gendre devait arriver et voyant un jeune inconnu qui en avait l'encolure, les domestiques s'empressèrent de l'accueillir avec les honneurs dus à son rang, et coururent vers l'habitation en criant :

« Le voilà ! le voilà ! »

Peu s'en fallut qu'on ne détalât ses chaussures, tant l'enthousiasme était à son comble !

Le beau-père lui-même vint de toute la vitesse d'une sciatique acharnée, serra le jeune homme dans ses bras, et, sans lui donner le temps de se reconnaître ni de parler, l'entraîna vers le parloir où il le présenta à sa femme comme un gendre, et à sa fille comme un époux.

Le château était à tourelles, à paratonnerre et à machicoulis. Les hautes futaies avaient grande et belle mine.
La fille était ravissante, et le pudique incarnat d'une première entrevue achevait d'en faire un morceau de roi.

Le châtelain, bonhomme rond, jovial, un peu enluminé, avait tout l'air de ces excellentes pâtes d'homme que l'on pétrit à sa guise, et de ces caissiers, bénévoles, mais trop rares, que donne parfois la nature.

Quant à la mère, elle arborait franchement ses cheveux gris, et ses trois mentons florissaient en cascades trop joyeuses pour qu'elle pût jamais devenir une de ces harpies désastreuses qui se liguent avec leur fille contre le repos de leur gendre.

Bref, c'étaient une maison et une famille au sein desquelles il ne devait pas être désagréable de prendre racine, alors surtout que l'on était ballotté par les vents contraires qui pouvaient vous pousser Dieu sait où.

Aussi Edouard ne put-il résister à l'idée de tirer éventuellement parti de la circonstance. Il joua parfaitement son rôle, et remit au père et à la belle-mère les lettres dont le défunt était chargé pour eux.

On vint avertir que le dîner était servi.

Edouard fut placé à côté de sa prétendue qui parlait peu, répondait à peine, mais rougissait souvent, ce qui est un genre d'éloquence fort prisé en amour.

Clémence était une jeune personne toute simple, de dix-huit à dix-neuf ans, au visage d'ange, au regard candide, au front pur et encadré de deux bandeaux de cheveux bruns soigneusement lissés. Sa mise était aussi fraîche et aussi simple que sa personne : une robe d'organdi lilas à mille raies, un peu décolletée vu la saison, mais dont une guimpe de batiste comblait pudiquement l'éclaircie ; un petit tablier de taffetas et des mitaines de résille noire d'où sortaient des doigts de lait et des ongles roses.

Cela ne ressemblait en rien à cette pauvre enfant de « la Demoiselle à marier, » guindée dans sa robe neuve, forcée de chanter son grand air, d'étaler ses croquis, et maudissant, à l'avance, son prétendu, rien que pour la ridicule contrainte que lui imposait sa famille.

Ajoutons que, de son côté, Edouard n'était pas mal tourné, qu'il avait du feu dans son regard, de la douceur dans sa voix, de la distinction dans sa tenue, et de jolies petites moustaches en croc sur ses lèvres… Si bien que Clémence éprouvait déjà le classique je ne sais quoi, si mal défini par les psycologistes, et que sa guimpe indiscrète se soulevait par petites vagues, comme fait la mer ondoyante sous une brise légère.

Galant et empressé, dans une juste mesure, auprès de la jeune personne ; attentif et prévenant avec le père et la mère ; sérieux dans le maintien, aimable et gai dans les propos, Edouard avait, en moins d'une heure, conquis toute la famille.

Le dîner fini et le moka versé, la conversation devint plus précise. On parla de dot, d'arrangements, de la corbeille de mariage, et de ces mille autres jolies choses qui font que le « oui » s'échappe du cœur des jeunes filles, sans qu'elles en sentent le moins du monde l'amertume… Il est vrai que, plus tard, elles font souvent une affreuse grimace.

Le soir, on fit un tour dans le parc.

M. de Vieuville ayant la goutte, sa femme lui donnait naturellement le bras, et tous deux marchaient de ce pas lent des vieillards qui semblent craindre d'arriver au terme du voyage.

Edouard et Clémence, eux, allaient, au contraire, de ce pas impatient et rapide de la jeunesse, qui ne fait qu'effleurer le présent pour arriver plus vite à l'avenir.

Les allées étaient silencieuses et ombragées ; les oiseaux se gazouillaient de tendres ramages sous la discrète feuillée ; les fleurs prodiguaient les effluves de leurs calices ouverts… C'était l'heure où parle la tendresse, où les sens s'alanguissent, où les mains se cherchent, où les voix tremblent, où les poitrines se soulèvent, où le silence, plus éloquent que la parole, prélude aux aveux qui papillonnent sur les lèvres.

Les coquettes prolongent indéfiniment ces extases charmantes. Elles savent que c'est là le moyen d'enchaîner l'inconstance, et de faire monter au cerveau les soifs capiteuses du désir.

Mais Clémence n'était pas apprise à ces manèges pervers. Elle était la franchise même, la simplicité en personne.

Ensuite, ils devaient se marier, et c'était là le cas ou jamais de faire connaissance.

« Monsieur, demanda-t-elle timidement, avez-vous toujours mon portrait?

— Diable ! pensa le jeune homme, Jules ne m'avait pas dit cela. »

Puis, tout haut :

« Votre portrait, mademoiselle?… Certainement… je… il est là sur mon cœur ; il ne m'a jamais quitté.

— Et trouvez-vous que je lui ressemble?

— Oui… c'est-à-dire, non ; vous êtes bien mieux… bien plus…

— Vous savez que ce n'est pas un compliment que je vous demande, mais bien la franche expression de votre pensée?

— Vous ignorez donc à quelle point vous êtes belle, et suis-je le premier à vous l'apprendre?

— Je sais que je ne suis pas précisément affreuse, reprit en souriant la jeune fille, mais voilà tout.

— Je vous aimais déjà, rien que sur la foi de cette miniature, reprit Edouard ; mais, maintenant, je…

— Vous ne savez pas une chose ? interrompit Clémence.

— Quelle chose, mademoiselle?

— C'est que j'avais une peur affreuse de vous voir arriver.

— Ah ! Et pourquoi cela ?

— C'est bien mal ce que je vais vous dire : mais quand j'ai su que vous étiez en route, je me suis prise à désirer… non pas qu'il vous arrivât un accident, je suis trop bonne pour cela… mais que quelqu'un ou quelque chose vous retint loin d'ici.

— Et peut-on savoir?…

— Dame ! c'est votre portrait qui est le coupable.

— Comment ! pensa Edouard, elle a aussi le portrait de Jules !… Mais alors, je suis dans un affreux guêpier !

— C'est que vous ne lui ressemblez pas du tout, à ce portrait, mais du tout, du tout !

— Je le crois bien ! pensa le jeune homme.

— D'abord, vous êtes brun…

— Vous croyez?

— Ensuite vous avez le front plus élevé, le teint moins…

— On change avec le temps, balbutia Edouard ; l'âge modifie les traits.

— L'âge ! ne dirait-on pas que vous avez cinquante ans !

— J'ai fait une maladie, dit le jeune homme

— Ah ! tant mieux ! interrompit Clémence.

— Et cela m'a complètement changé.

— Tant mieux ! répéta la jeune fille. Tenez, voulez-vous que je vous parle à cœur ouvert?

— Dites, mademoiselle.

— Il me répugnait beaucoup de rompre ces projets de mariage, auxquels je sais que nos deux familles attachent le plus grand prix ; mais je m'étais réservé de m'adresser à votre délicatesse, à votre honneur…

— Pour?… demanda Edouard.

— Pour les rompre vous-même.

— Ainsi, vous voulez?

— Je veux d'abord que vous fassiez savoir, de ma part, à votre peintre marseillais qu'il est un affreux barbouilleur.

— Et ensuite ?

— Ensuite… »

Clémence n'acheva pas ; mais elle se baissa gracieusement pour cueillir une marguerite qu'elle effeuilla pétale à pétale… Il y a toujours un moment où la femme effeuille des marguerites, même quand on est dans un salon et qu'il n'y a pas de marguerites.

« Pauvre Jules ! pensait Edouard ; il a peut-être bien fait de mourir.

— A propos, dit la folle enfant, vous ne savez pas, j'ai un grand défaut.

— Vraiment !

— Je ne touche pas du piano.

— Bah !

— J'avais commencé ; mais, lorsque je me suis aperçue que je n'arriverais jamais qu'à croquer des notes et à martyriser des sonates, j'ai planté là le maître et l'instrument.

— Je savais bien que vous étiez parfaite, reprit Edouard. Mais il y a une phrase que vous aviez commencée tout à l'heure, et que vous avez oublié d'achever.

— Vous croyez?

— J'en suis sûr ! « Ensuite… » disiez-vous.

— Je ne me rappelle pas du tout.

— Je crois plutôt qu'il s'agissait de me dire quelque chose de bien dur, et que vous hésitez par bonté d'âme.

— De bien dur, en effet, reprit l'espiègle.

— Allez toujours pendant que j'y suis…

— Je faisais des vœux pour que vous n'arrivassiez pas n'est-ce pas ?

— Oui ; eh bien ?…

— Eh bien !… acheva Clémence d'une voix entre-coupée par les tumultueux battements de son cœur, je remercie Dieu de ne pas m'avoir exaucée. »

Et elle courut vers sa mère, dans le sein de qui elle dissimula sa rougeur, sous le prétexte de la couvrir de baisers.

IV

Edouard subissait déjà la punition de sa félonie. Il grillait à petit feu sur un brasier compliqué de toutes les épines d'une passion sans espoir, et d'une sorte de sacrilège sans issue.

L'homme et l'amour se livraient en lui des batailles acharnées.

Cependant la nuit lui porta conseil; il comprit que, poussée plus loin, la plaisanterie dépasserait toute mesure, et la vertu triompha comme s'il se fût agi de clore un cinquième acte des boulevards.

Toutefois, la pièce commençait à peine.

Donc, le lendemain matin, au moment où M. de Vieuville venait lui proposer une promenade à cheval dans la forêt de Saint-Germain, Edouard lui annonça résolument qu'il partait.

— Et où allez-vous? demanda le châtelain.

— J'ai une affaire à Paris qui m'oblige à vous quitter, reprit le jeune homme.

— Comment? Quelle affaire pouvez-vous avoir dans une ville où vous venez pour la première fois, et où vous ne connaissez personne?

— Tout cela est parfaitement vrai, cher beau-père; mais il n'en est pas moins vrai qu'il faut absolument que je m'en aille.

— Je vois ce que c'est, mon gendre; vous allez chercher de l'argent chez votre banquier.

— Plût au ciel que j'en eusse un, pensa le jeune homme.

— Quelle plaisanterie! reprit M. de Vieuville; ma caisse n'est-elle pas à votre disposition?

— Certainement, je ne dis pas non; mais...

— Ensuite, si vous tenez absolument à avoir des fonds de votre banquier, ne pouvez-vous y envoyer un domestique de confiance que je mets à votre disposition, sans nous priver pour cela du plaisir de vous posséder?

— Vous êtes mille fois bon; cependant...

En parlant ainsi, Edouard avait insensiblement entraîné son interlocuteur vers la grille de sortie qu'il se disposait à franchir.

— Vous êtes bien décidé?
— Irrévocablement.
— Sans voir ces dames?
— A cette heure matinale il serait indiscret...
— Quel diable d'homme faites-vous!
— Ecoutez, cher monsieur, reprit Edouard, votre réception m'a comblé...
— Quoi de plus simple! un gendre.
— Aussi, est-il de mon devoir de vous confier une chose qui ne laissera pas de vous étonner beaucoup.
— Quelle chose, mon gendre?
— Figurez-vous qu'hier, fort peu de temps après mon arrivée à Paris, il m'est arrivé un accident...
— Peu grave, je l'espère?
— Assez grave, au contraire; d'autres diraient même très-grave.
— Vous m'effrayez!
— J'ai été attaqué d'une colique de *miserere* dont je suis mort.
— Pas possible!
— Je dois être enterré ce matin à dix heures, et vous comprenez que je ne puis me dispenser de m'y trouver.
— Perdez-vous la tête? demanda le châtelain.
— Je puis d'autant moins m'en dispenser, poursuivit Edouard, que débutant dans ce pays où je suis inconnu, ce serait me faire une réputation d'inexactitude et de légèreté qui me pourrait me nuire par la suite.
— Je m'en vais.

Qu'on juge de la stupéfaction du bonhomme. La plaisanterie lui parut d'abord un peu lugubre et d'un goût douteux. Cependant il finit par la trouver si extravagante, qu'il alla rejoindre sa femme et sa fille en riant aux larmes et se tenant les côtes.

— Quel gendre spirituel nous allons avoir, disait-il.

Clémence était un peu moins émerveillée; elle eût préféré plus d'empressement et pas tant d'esprit.

Cependant la journée se passa; six heures sonnèrent, puis sept heures, puis huit... On s'étonnait, on s'impatientait de ne pas voir revenir le jeune homme. Enfin M. de Vieuville expédia un courrier à l'hôtel Richelieu, d'où on rapporta cette réponse :

« Que M. Jules de Cérisy était mort l'avant-veille, quelques heures après son arrivée, et qu'on venait de l'enterrer le jour même, à dix heures du matin. »

V

Trois mois se passèrent; le vivant ne reparut pas, le défunt encore moins.

La pauvre Clémence dépérissait à vue d'œil, tant le souvenir d'Edouard troublait ses jours et agitait ses nuits.

La famille de Vieuville était au Havre, où la jeune personne prenait des bains de mer ordonnés par la Faculté.

Des bains de mer pour guérir l'amour! Cette chère Faculté ne doute de rien.

Or, un soir qu'elle se promenait sur la jetée, mademoiselle Clémence tomba tout à coup dans les bras de son père en poussant un de ces cris suprêmes qui vont à l'âme parce qu'ils en sortent.

C'est qu'elle venait de voir apparaître Edouard comme un fantôme, à quelques pas d'elle.

La sciatique de M. de Vieuville était fort heureusement au repos pour le quart d'heure. Il put donc suivre le jeune homme jusqu'à son hôtel, y entra en même temps que lui et lui demanda la faveur d'un instant d'entretien.

— Cher monsieur, dit-il à Edouard lorsqu'ils furent seuls en face l'un de l'autre, votre enterrement s'est bien passé, à ce que je vois?

Le jeune homme creusait la terre du regard comme pour s'y enfoncer. Il balbutia quelques mots inintelligibles.

— Pour revenir de si loin, poursuivit M. de Vieuville, il est impossible d'avoir meilleure mine... Je vous en félicite bien sincèrement.

Le jeune homme reprit quelque aplomb.

— Monsieur, dit-il, vous avez le droit de m'accabler; j'ai eu envers vous les torts les plus graves... Seulement, permettez-moi de vous expliquer...

— Je serais, pardieu! curieux de savoir ce que vous pourriez alléguer pour votre justification! Que M. Jules de Cérisy est réellement mort; que vous aviez fait avec lui la route de Marseille à Paris; que vous avez surpris ses secrets, fouillé ses papiers, usurpé sa place... J'ai naturellement été mis au courant de quelques-unes de ces circonstances, monsieur, et j'ai deviné les autres.

— Soit, monsieur; mais, ce que vous n'avez pu deviner, reprit Edouard, c'est que j'allais à vous dans l'intention de remplir loyalement un devoir sacré; c'est que vous, vos domestiques, tout le monde, vous ne m'en avez pas laissé le temps...

— Ce n'était pas une raison, ce me semble...

— Non, monsieur, ce n'était pas une raison pour tromper votre confiance, je l'avoue. Mais j'ai perdu ma mère dès le berceau, et lorsque je me suis soudain vu au sein de votre famille, aimé, choyé, caressé, ce bonheur inconnu m'a grisé, voyez-vous, et je n'ai pas eu le courage d'écarter la coupe enivrante sans y mettre un instant les lèvres.

— Qui êtes-vous? demanda M. de Vieuville.

— Je suis le fils du colonel Bernier. J'achevais mon droit, il y a quatre ans, lorsque j'ai eu le malheur de perdre mon père. Il n'avait pour toute fortune que sa pension, qui mourut naturellement avec lui... Que faire? J'avais bien le diplôme, ce qui constitue l'avocat, mais il me manquait les clients, ce qui est essentiel pour le conduire. J'ai lutté d'abord, puis le découragement m'a pris. Bref, monsieur, j'étais venu à Paris où j'avais quelque espoir d'être admis dans une administration de chemin de fer. C'est pendant ce voyage que j'eus l'occasion de connaître M. de Cérisy... Vous savez le reste.

— Cet espoir, d'obtenir un emploi, a été déçu à ce qu'il paraît.

— Oui et non.

— Comment! oui et non.

— C'est-à-dire que les administrateurs du chemin de fer en question m'ont comblé de sourires et de promesses; seulement, il s'est trouvé que mes bottes ne pouvaient plus suffire à la multiplicité des démarches... Enfin, que vous dirais-je? Je me suis adressé, de guerre lasse, à un ancien ami de mon père, armateur en cette ville... Si bien que je suis surchargé à bord d'un navire marchand, et que je fais voile demain pour les Antilles.

— Demain! s'écria M. de Vieuville.

— Mon Dieu oui.
— Et vous ne laissez rien derrière vous que vous regrettiez ?
Jules devint rouge comme un coquelicot.
— Ceci est mon secret, reprit-il.
— Et si je vous priais bien instamment de me le confier ?
— Je refuserais, dit le jeune homme ; qu'il vous suffise de savoir que la faute a amené son châtiment. J'empo te là, ajouta-t-il en appuyant la main sur son cœur, un souvenir qui me tuera bientôt, je l'espère.
— Bah ! reprit M. de Vieuville, vous avez une façon à vous de mourir qui ne tire pas à conséquence.
— Cette fois ce sera pour tout de bon.
— Ah ! diable, entendons-nous ! C'est que cela ne ferait pas mon compte... ni celui de Clémence.
— Que voulez-vous dire ?
— Rien, puisque vous êtes décidé à...
— Oh ! parlez ! parlez ! je vous en supplie !

— Il n'y a que si vous promettiez de vivre.
— Mais je vivrai, monsieur ! je vivrai !
— Vous en êtes sûr ?
— Parfaitement sûr... si...
— Si je vous donne ma fille, n'est-ce pas ?
De cramoisi qu'il était tout à l'heure, le jeune homme devint pâle comme un linceul.
Il y a des personnes qui ont le bonheur de cette couleur-là.
— Parbleu ! reprit M. de Vieuville, puisque vous me l'avez prise là-bas, à Maisons, il faut bien que je vous la donne... Vous voilà revenu des Antilles sans y avoir été..
Et il ouvrit les bras dans lesquels Edouard se jeta à corps perdu.
S'il n'était cependant pas parti de Marseille pour Paris en même temps que Jules... ou s'il était seulement monté dans un autre wagon !

Adrien Paul.

FIN.

Le Mans. — Impr. du Temple et Vialat.

www.ingramcontent.com/pod-product-compliance
Lightning Source LLC
Chambersburg PA
CBHW070706050426
42451CB00008B/523